欧阳海

中国梦·青少年爱国励志篇

编　著：孙莹莹

黑龙江美术出版社

图书在版编目（ＣＩＰ）数据

欧阳海／孙莹莹编著. -- 哈尔滨：黑龙江美术出
版社，2013.12（2018.7重印）
（中国梦.青少年爱国励志篇）
ISBN 978-7-5318-4325-2

Ⅰ.①欧… Ⅱ.①孙… Ⅲ.①欧阳海（1940～1963）
–生平事迹 –青年读物②欧阳海（1940～1963）–生平事
迹 –少年读物 Ⅳ.①K825.2-49

中国版本图书馆CIP数据核字(2013)第286500号

欧阳海

编　　著/孙莹莹
责任编辑/陈颖杰　郭婧竹
装帧设计/郭婧竹
出版发行/黑龙江美术出版社
地　　址/哈尔滨市道里区安定街225号
邮政编码/150016
发行电话/（0451）84270514
网　　址/www.hljmscbs.com
经　　销/全国新华书店
印　　刷/北京一鑫印务有限责任公司
开　　本/720×1020　1／16
印　　张/11
字　　数/100千
版　　次/2013年12月第1版
印　　次/2018年7月第2次印刷
书　　号/ISBN 978-7-5318-4325-2
定　　价/34.80元

前　言

　　凡可称经典者，必具备以下特质：第一，经由人类文化、文明史千锤百炼般检验后依然万古长存，深受一代代读者的垂青和热读；第二，不会因为社会政治、经济、文化环境的变迁而改变传播命运；第三，所蕴含的人生理念、美育观点、知识能量、人伦教理，永远是人类正能量取之不竭的源泉，即所谓的"源头活水"；第四，具有人类普世的价值内核。当然，经典有时会表现出那么一点点的不与时俱进，有时还会表现出那么一点点的非现代化，但是经典永远不会引领人类走向歧途。对于一个民族来说，没有经典文化的代代传播和代代阅读，这个民族就没有立足世界的本根；同样，没有经典的世界，也就妄谈人类文明。经典文化犹如快速奔跑、努力拼搏着的人类的老母亲，她会在你时而有些忘乎所以的狂热之时提醒你一句：放慢脚步，等一等你的灵魂。正因为如此，在人类现代化程度如此之高的 21 世纪，阅读经典的热潮才会一波高过一波，这是人类的希望所在。因为人类没有因为高科技带来的现代快节奏生活而忘记深情回望一眼自己的母亲，再聆听一下母亲那似乎有些老套但绝对本质的叮咛。

　　"少而好学，如日出之阳。"阅读经典从青少年开始，就会牢牢铸就孩子一生的营养健康基因。这种营养的投入，就像某种产品的间接成本，你说不上它作用于孩子未来的哪一个方面，但绝对是成就孩子理想健康人格和综合素质所必要的。

这套青少年版用眼镜蛇卡通形象为标识的经典文化书系，由三个系列组成，第一系列："影响孩子一生的国学典藏书系。"它荟萃了中华文化浩瀚海洋中的精华，从古老的《诗经》到浪漫的唐诗、宋词、元曲、明清小说，从经典的蒙学读物到诸子的智慧篇章，从充满想象力的神话故事到上下五千年的历史……可谓循序而进，万象毕集。第二系列："中国孩子必读的世界经典名著书系。"它汇集了世界经典文学读本，意在通过世界不同语言国家的经典名著的阅读，打开孩子观望世界的窗口，培养孩子博大的文化胸襟，融入世界的思维方式和情感趋向。毕竟，人类已经进入了地球村的时代，世界经济也正在走向一体化。第三系列："中国梦•青少年爱国励志篇。"它囊括了为国牺牲、献出年轻生命的英雄们的故事，刘胡兰、董存瑞、雷锋等人物形象历历在目，栩栩如生，旨在让青少年在阅读中重温过去，了解历史，感受革命与传统的震撼，感受红色浪潮的冲击，从而受到爱国主义、民族精神的教育。

最后须要强调的是，"经典"是一个开放的系统，因此本套"眼镜蛇经典文化书系"在现有诸多品类的基础上，还会不断增加新的内容，以满足青少年读者的阅读渴望。

编　者

目 录

苦难的童年

1940年严冬，一个凄风苦雨的夜晚，欧阳海诞生在湖南桂阳县莲塘区老鸦窝村一个贫农家里。欧阳恒文夫妇望着这个初生的儿子，满面愁容。

有了欧阳海，老大欧阳增龙将被抓去当壮丁，为了保住全家唯一的劳动力，父母给欧阳海取了个女孩的名字：欧阳玉蓉，瞒着伪保甲长和左右邻居。

谁知两个月以后，狠心的保长还是把欧阳海的大哥抓去当兵了。体弱多病的母亲抱着欧阳海哭肿了眼睛，日夜盼着大儿子归来。有钱人家生儿育儿是喜事，欧阳海却是伴随着苦难来到了人间。

欧阳海满七岁了。两年前，听说是什么"胜

利"啦，抓丁反倒抓得更恶些。有钱有势的人家，十兄八弟不当兵；缺盐少米的穷苦人，独子也要抓丁。男扮女装也没得用啊，欧阳海留着半长的头发，穿着一身姐姐留下来的破夹袄，还是眼睁睁地看着大哥被保长用绳子五花大绑带走了。

大哥被押解到镇上后，就被人按在板凳上剃了个"阴阳头"，弄得人不像人鬼不像鬼，就是长上翅膀也飞不了啦，哪还能跑得了啊！

从那一年起，妈妈就牵着他们姐弟俩出门讨米，饥饿和灾难就像影子似的紧紧跟着欧阳海全家。第二年，爹爹到外乡去找活路。

又是一个风雪交加的严冬，欧阳海一家五口——大哥被抓走了，家里又添了个妹子——围在火塘边上发愁，又到了揭不开锅的时候了。

妈妈说："辛辛苦苦在地里忙了一整年，汗水都流进刘家去了！唉！"她叹了口气，"守在屋里也不是个办法，还是带着他们几个出门讨点饭去。"

爹爹低着脑袋没有作声。姐姐忙把讨米篮和棍子找出来，说：

"走吧，妈！"

爹爹看了姐姐一眼："你不能去！这么大的丫头出门去讨米让人笑话。"又转身对妈说："丫头这么大了，再出去讨米……哪还有人肯上门来说亲啊！我们不能误她一辈子。"

姐姐噙着眼泪，望着妈妈。妈妈眼圈也红了，姐姐哭着躲到门里。

妈妈叹了口气，拍着欧阳海的头说："三三，我们走。"

姐姐把讨米篮和棍子塞到弟弟手里，眼泪吧嗒吧嗒地往下掉着。

妈妈领着三三走出门去，姐姐走到门口喊着："三三，和妈早去早回来！"

漫天大雪，上哪儿去讨！老鸦窝穷家穷户的没人施舍得起，要讨米得来回走几十里到外村去。

妈妈抱着四妹子走在前面；欧阳海留着半长的头发，还穿着姐姐那身紫红色的破夹袄，牵着妈妈的衣襟紧跟在后边。

洁白的雪地上留下了两行脚印：妈妈的脚印子深一些；欧阳海才七岁，脚印浅浅的，但上边清晰地印着五个脚趾头。脚印从老鸦窝铺到莲溪，整整15里。

一阵疾风刮来，脚印渐渐地被雪盖住了。

莲溪镇上家家关门闭户，街上一个行人也没有。妈妈牵着欧阳海进了街，前边就是刘家大屋了：红门高墙，墙上有好多幅画，画的都是些财主。大门口还蹲着一对石头狮子。欧阳海每次路过这里，总想上前用手摸一摸

欧阳海常常想：为什么他们不讨米呢？快到刘家大屋，妈妈转身，牵着欧阳海拐进一条窄巷子里。

妈妈说："大屋去不得，那里狗凶人也恶。"妈妈边说边扑打着欧阳海头上的雪花，"到别地去讨。"

好几十家铺面的莲溪街上，只有一家铁匠炉生了火。母子三人来到店铺门口，妈妈刚伸出手来，里边的掌柜就吼起来了：

"去去去！今天还没有开张呢。"

母子三人在街上转了个把时辰，找不到一处可开口的地方。欧阳海的两只赤脚在雪地里冻得又红又肿，妈妈也走得两眼直冒金花。她在一家屋檐下坐了下来，对欧阳海说：

"三三，过来，让妈替你把脚暖一暖。"

欧阳海紧靠着妈妈坐下，把一双脚心、脚背都裂开了口子的小脚伸进妈妈怀里。脚早就冻僵了，妈妈摸着这双冰冷的脚，她感到浑身发紧，五脏六腑像被什么扯着似的阵阵作痛。

不知道是冷还是饿，妈妈怀里的四妹子哭起来了。

"唉！"身边一声叹息，斜对门的铁匠师傅端着一碗开水走过来说：家家都不富裕，没人施舍的，到我炉边去暖和暖和。"

妈妈脸上的痛苦、四妹子嘶哑的哭声，像一把把刀子在割欧阳海心上的肉。七岁的欧阳海一阵心酸，悲痛的生活，在欧阳海幼小的心灵里种下了对阶级敌人的刻骨仇恨。

这时，站在一边的铁匠师傅走过来说："我也是个半饥半饱的人，唉！没办法呀。"说着从炉边翻出一个红薯递到妈妈手上。

妈妈不好意思再打扰人家，说了声"难为难为"，急忙牵着欧阳海走了。到了街口，她才把红薯塞在欧阳海手里："三三，你吃了。"

"妈，你吃吧。"

"听话！趁热吃了你先回去。"

"妈，你先回吧！我讨着一口半口就回来。"

妈妈觉得今天是有些不舒服，眼前一阵阵发黑。怀里的四妹子喉咙都哭哑了。看样子，再也讨不到什么了。她嘱咐欧阳海说："三三，你到穷家穷户去讨，莫到大户人家去要啊！小心狗。"

"早点回来！"妈妈把半片破麻袋披在欧阳海身上说，"讨不到就算了，啊！"

欧阳海低头答应着，心口好像被一个什么东西堵住了。他悄悄把热乎乎的红薯塞进妈妈的篮子里。

妈妈抱着四妹子，挂着棍子走远了，欧阳海才慢慢地抬起头来，眼泪不停地往下滚着。这么大的天下，就没有他可吃的东西；这么大的镇子，就没有一家可讨的。他在街上走着，一心在想：只要能讨着一口吃的，我就给四妹子送回屋去。

不知道过了多久，突然，一团雪球砸在他的脊梁上。回头一看，刘家大屋门口的两个石狮子睁着大眼瞪着他；半开着的门缝里，有几个脑袋在晃动，里边传来叽叽喳喳的声音：

"这是个假丫头！"

"对！那年他大哥想躲壮丁，他爹还给他起过

一个丫头名字。"

想起了大哥被抓丁，欧阳海心底升起了一股火。他抓起两个雪团，狠狠地朝半开着的门扔去。

"打讨米的叫花子呀！打这个假丫头！"

"看哪个先打中他的脑壳！"

一团团的雪球在欧阳海身上开了花，欧阳海被这突如其来的侮辱气傻了，竟站在那里不知道躲也不知道跑，一团雪球砸在欧阳海的眼窝旁边。

就在这个时候，大门里冲出来一条黄狗，张着大嘴朝欧阳海扑过来。一个踉跄，欧阳海跌倒在雪地里。

欧阳海慢慢地从雪地里爬起来，左腿被黄狗撕去了一大块肉，血正顺着腿肚子往下流着。他顾不得腿疼，紧紧捏好两个雪球准备报仇，心里在想：你才是讨米的呢！年年都是我们用粮食来养活你们……

"嘭"的一声，大门关死了。门里传来得意的嬉笑声。

人都跑光了，门前那一对石头狮子还朝欧阳海瞪着眼睛。欧阳海眉毛一扬，眼里迸出一股怒火，把雪球使劲砸向龇牙咧嘴的狮子，心里说：

"你也神气？总有一天，总有一天我会骑到你背上来的！哼，看吧！"

欧阳海一跛一跛地朝老鸦窝走去。山顶上又移动着一个孤孤单单的人影，洁白的雪地上又踏出一行新的足迹，脚印清晰地印在雪地上。在左脚踩出的雪窝旁边，殷红的血清清楚楚地渗在白雪上，也清清楚楚地留在欧阳海心里。

回到家门口，妈妈迎了出来。见到了亲人，欧阳海想起了一肚子的委屈，鼻子发酸，想抱着妈妈哭一场。可是看见妈妈愁眉苦脸的样子，他又忍住了眼泪，"咔"的一声把打狗棍折成两截。

"妈！我不穿这件衣服，我也不讨米了！我，我就是饿死也不讨米了！"

"妈，我打柴，我帮爹爹烧炭去！我再也不讨米了。"欧阳海说完，脱下了姐姐的那件破夹袄，扭头朝柴草堆跑去。

柴草堆里，欧阳海穿着一身单衣，拿起一把生锈的剪刀，把半长的头发剪了。他心里只有一个念头：我再也不讨米了，我要砍柴去！

他拿起爹爹的那把砍刀，正要往外跑，姐姐拦住了他。欧阳海看着姐姐担心的样子，连忙说，

"我是砍柴去，我再也不讨米了！"

姐姐重复着："是啊，再也……不讨米了。"

看见弟弟血淋淋的左腿，姐姐一下把欧阳海搂在胸前，两颗晶莹的泪珠挂在她清秀的脸上。

大雪还在不声不响地飘着，路上的脚印被雪填平了，血迹也被大雪盖住了。可是，欧阳海心上的仇恨，却牢牢地扎下了根。

儿童团团长

一声惊雷平地起。1949年，共产党解放了欧阳海的家乡。"老鸦"飞走了，"凤凰"降临在山区，老鸦窝改名凤凰村。九岁的欧阳海第一次得到了人间的温暖。他紧握着红缨枪，带领儿童团的小朋友站岗放哨，监视坏人。在斗争地主的群众大会上，他高举着木棍，愤怒地控诉，向地主讨还血债。

自打抓住地主刘大斗，欧阳海有时连吃饭睡觉都和战士们在一起。班里唱歌，欧阳海跟着张嘴；同志们出操跑步，欧阳海跟在最后头；排长晚上点名的时候，欧阳海也站在队列里。

妈妈经常对他说："三三，莫去麻烦别人，该

吃饭了就早点回来。"欧阳海说:"那怕什么,解放军和老百姓是一家人!""哪个说的?""周排长!"——在欧阳海的心里,解放军的周虎山排长的威信比妈妈高。

战士们个个都喜欢欧阳海,不管干什么,只要可能,总是叫他一道去,弄得有时排长分配任务,欧阳海也插在战士当中喊:"我去我去!"遇着有些零活儿:向老乡借个笤帚、扁担,找个火引子什么的,排长有时故意"分配"一两件给他干。

有天,周虎山叫战士小董给连部送信去,欧阳海抢上前去,把右手举在眉梢上说:

"报告排长,我去!"

"你不行,来回三十多里地呢。"

"不怕,挑40斤炭我都走过。"

"你还太小!"周虎山把信交给了小董。小董临走的时候故意挤了挤眼睛。

欧阳海眼看着小董神气十足地出了门,回头又望了望排长,心里说:"我才比他小一点点,跑山路,他还跑不过我呢!"

从这以后,欧阳海经常和小董在一起,还总是偷偷踮起脚跟和他比比高矮。小董也鬼得很,每当

他来比的时候，就故意昂首挺胸，次次都把欧阳海比得灰溜溜的。

欧阳海嘴里不说，肚子里全是对小董的意见，连着几天，见了小董就把嘴巴撅得高高的。

这天，小董按排长指示，向欧阳海宣布一项决定。

小董说："欧阳海！组织决定让你担当儿童团团长，你能干吗？"

"能！你能干的我就能干。"

小董说："行！这个任务就交给你了。听着，儿童团团长是要把老鸦窝的娃娃们都组织起来，跑步，出操；站岗，放哨……"

欧阳海静静地听着，眉毛一扬，明亮的大眼睛里满是兴奋的光。

第二天一清早，打谷场上传来"一二一"的口令声：欧阳海领着十来个娃娃正在出操。每个人肩上都扛着根棍子，腰上也扎着根"皮带"——有的是布腰带，有的是草绳。欧阳海和别的娃娃略有不同，布腰带上还别着一支木头小手枪。

看热闹的人越围越多，有的小孩不好意思起来，步子乱了，人群里有了笑声。欧阳海回头对看

热闹的人说："你们别笑,我们儿童团是在出操呢。"说完口令喊得更起劲了。

大家都说："莫看伢子小,志向大着呢!"

刘大斗要押回乡里来公审了。这个消息使得平静了很久的老鸦窝一下又沸腾起来。欧阳海早就代表儿童团接受了任务:站岗放哨,维持秩序。

公审大会准备在刘家大屋里开,部队扎在刘家大屋里。欧阳海问周虎山排长:

"斗了刘大斗,他还敢不敢再找我们算账?"

"不敢。"

"为什么呢?"

"有共产党、毛主席的领导,只要我们把手里的枪攥得紧紧的,别说他刘大斗不行,天下的反动派不管谁来,我们也不怕!"

欧阳海心里想:枪是个宝贝!他叹了一口气,昏昏沉沉地进入梦乡。

天不亮欧阳海就起来了,人们陆续来到刘家大屋,欧阳海拿着木棍站在门口的石狮子背上。他瞪大了眼睛,叉着腿,看样子比他脚下的石狮子还要神气十倍。

乡亲们扶老携幼地来了,工作队的同志宣布公

审大会开始。欧阳海领着儿童团站在最里圈，一个个怒目圆睁，把手里的木头棒棒捏得紧紧的。

在院子当中，工作队的同志搀扶着一个双目失明的老婆婆站在台阶上，她手里拿着一条绳子，边哭边控诉着刘大斗的罪行。老婆婆哭着哭着昏过去了。

乡亲们想起了自己的伤心事，也跟着哭了起来。

会场上，群众的情绪激荡着，欧阳海正在维持秩序，他发现坐在墙角的妈妈正在擦眼泪。欧阳海想着刘大斗的罪恶，觉得左腿上的伤疤隐隐作痛，他看见刘大斗脸上还带着几分杀气，一股说不出来的劲头，把欧阳海推到院子当中。他忘记自己是维持秩序的儿童团了，顺手拿起一桶凉水，对准刘大斗，劈头盖脸地浇了下去。刘大斗被这突如其来的行动吓坏了，浑身湿透，像堆稀泥似的瘫倒在地上。

"打呀！打呀！"群众愤怒地吼着。耳边响起了周虎山的口号声：

"打倒地主阶级！"

"向刘大斗讨还血债！"

战士们呼应着，群众呼应着，几百个黑黑的拳头，捏得紧紧的，忽然一下举了起来。

公审大会开完了，分田分地就要开始，部队也要出发了。欧阳海得到消息的时候，部队已经打好背包准备上路。

欧阳海一把抓住四班长说："我也要跟你们走。"

"等着！等我拿点东西找排长去。"欧阳海奔回家里拿了两件衣服，刚刚出门，迎面碰见了周虎山。他一把抓住了排长。

"排长，快带我走吧！他们都不想要我了。"

"要的，怎能不要你呢！"

"那你今天就带我走，我要跟你当兵去！"

"你说说，你为什么要当兵？"

"当兵好。我要跟你们打仗去！那天你还说，有了枪就不怕天下的反动派了！"

"现在不行，你还太小。欧阳海，等过几年你长大了，能拿枪了，我一定来接你。"

周虎山说的是真心话，在这段相处的日子里，他打心眼里喜欢这个孩子，也着实舍不得离开他。

"那……"欧阳海把木头手枪递到排长手上，

伤心地说，"还给你吧！反正你也不要我了。"

"过几年我一定来接你！"周虎山解下自己的皮带，扎在欧阳海的腰上，又替他在小木头手枪的把儿上拴了一条红绸子，最后从挎包里拿出一支笔说：

"欧阳海，你不是想要一支铅笔吗？给你！"

欧阳海拿着铅笔，恋恋不舍地望着周虎山。

"我走了。"周虎山背起背包说，"欧阳海，快长吧！"

欧阳海望着排长的背影，鼻子阵阵发酸："门前的松树都那么高了，我什么时候才能长大呢？"

周虎山走了一段路，回头看见欧阳海还呆呆地站在路口望着呢。他深情地又喊了一声："快长吧，欧阳海！"

山里起了回声，声浪滚滚，好像每座山，每棵树，整个老鸦窝都在喊着：

"快长吧，欧阳海！"

在社会主义建设中成长

快长吧，快长吧！欧阳海这年刚满十六岁。

年年想参军，年年都落空。抗美援朝第二年，村里敲锣打鼓地欢送走了好几个。不久，又敲着锣、喊着口号欢迎那些抓过俘虏、缴过美国枪的战士们复员回来，可自己还在老鸦窝待着呢。

老战士们讲述的战斗故事，多少次把欧阳海的心带到那炮火连天的战场，欧阳海参军的想法更急迫了。

老鸦窝西南边有座"四州山"，老人们说，爬上山顶就能看见附近的四个州、八个县。欧阳海有空的时候，几次爬上四州山山顶，望着脚下起伏的山峦和远处灰蒙蒙的村镇，对自己说："我什么时

候才能当上兵，到边防，到战场上去呢？"每次，他都像是插上了翅膀，飞到那四州八县的上空，飞到那响着炮声的战场上。

听说老鸦窝要成立高级社，走社会主义道路，老鸦窝世世代代受苦的贫下中农那个高兴啊。听说这个信儿，人人脸上都带着笑。欧阳海更是沉浸在集体化道路的喜悦中。他在想：等工作组的同志来了，我找他们要求要求，参军的事也许还有指望呢！

工作组就要到了，欧阳海主动要求去迎接他们。

前边过来一个同志，背着个小背包，拿着把雨伞，不用问就知道是工作组的。欧阳海迎着他跑过去，快到跟前的时候，反倒愣住了：

"周排长！……"

"欧阳海，是你呀！"

几年不见排长的面了，这些年来，心里一直在想他，一直盼着他早点回来把自己接到队伍上去。今天猛地一见面，反倒忘了该说什么。

他接过周虎山的背包时问了一声：

"排长，你到哪里去？"

"凤凰村？"

"就是我们老鸦窝。县委根据乡亲们的要求，正式批准把'老鸦窝'改名为'凤凰村'了。"

欧阳海期待地望着周虎山，眼睛里满含着感激，"你，你是来接我的呀！"

周虎山想了想，拍着他的头说："小鬼，你还想着当兵的事呢！不过现在嘛，得看工作情况。你瞧，工作一旦需要，连我这个当兵的还把军装脱了呢！县里让我们来帮助成立高级社。"

周虎山摇了摇手上的雨伞："早就地方化了。自打你们这里一解放，我就没有离开过湖南，湘西剿匪结束以后，我就转业到县里来工作了。"

欧阳海这才仔细地打量一下周虎山。真是，身上的军装都洗得发白了，一条蓝裤子卷到膝盖以上，褪了色的军帽上连那个红红的五角星也不见了。他亲热地抓着周虎山的手握了又握：

"排长，我等了你这么多年，这回你一定要想办法把我送到部队上去。你答应过的。"

"没有问题。"周虎山说着，眨了眨眼睛，心想，得跟这小鬼好好谈谈，让他明白组织高级社的重要性，还得让他在建社工作中多起点作用呢！

　　建社的工作搞得热火朝天，唯独社里的会计一时还找不到适当的人。有人说让欧阳海来当，有的人又不同意，意见反映到工作组。周虎山想，既然欧阳海当过初级社的记工员，可以让他试试，不行再换嘛。

　　欧阳海心里想：如果这样，参军的事怎么办？

　　周虎山见欧阳海有情绪，就开导他说："组织高级社，走社会主义道路，这可是我们庄稼人几千年来从没遇到过的大喜事呀！咱们该多出一把力才对。至于你那点鬼心思，我早知道了，我负责把你那块'心病'治好。你先干着，等时机成熟了，找着适当的人了，一定把你换下来！"

　　欧阳海还是没吱声，心里在琢磨周虎山后半句话的意思，觉得心里有了底。

　　紧接着，区里开三级干部会议，社的几个干部和工作组的同志都去开会了，家里的工作交给副社长负责。副社长又病倒了，偏偏正赶上插红薯的季节，又难得下了一场好雨。不能误了农时！欧阳海找副社长研究了一下，又和几个老农商量着，决定马上动手。他连夜把薯苗准备好了。

　　哪晓得第二天派工的时候遇到了麻烦。

村里有个叫傅承财的，以前做过几天小买卖，还会点裁缝手艺，以前的时候就不太想入社，这次成立高级社，他也是带着占便宜的思想进来的。派工时，他总是挑肥拣瘦怕吃亏，嫌这个活重干不了，嫌那个工分少划不来。为他足足磨了半个时辰。欧阳海已经憋了半天的火了。

"承财叔，"他耐着性子说，"你别耽误大家的工夫啦，快拿主意吧。坡上那块包80分，沟边那块包50分，随你拣。"

傅承财指手画脚地讲起来。他说沟边那块地里石头多，草也多，花了好大的力气才把薯秧插下去，应再给他加分。欧阳海就是不肯，傅承财就控告他。

村里有人气不过，站出来说了几句良心话。

事情原来是这样的：

欧阳海这几天白天黑夜都在坡上忙，他用了整整两个昼夜，才把坡上那块地弄完了。第三天，又腾出手来帮劳力弱的人家忙了一整天，三天三夜他只睡了两觉，有些社员心里过意不去，说欧阳海干的活多、质量好，要把他们自己的工分补给欧阳海。

傅承财呢，三天当中干了两次，耽误了一天工，他听说人们要给欧阳海加工分，一大早，就拿着工分本找欧阳海来了，说自己那块地只包50分，太吃亏了，让欧阳海给加分。

欧阳海说："我给你加了，社里吃亏。"

傅承财说："你给我加十分算了，这里又没有外人。"

欧阳海说："你这思想要不得呀！现在是社会主义，你总是为个人算计，今后怎么行啊！"欧阳海说完就走了。

情况都清楚了，干部们相互递了个眼色，社长严肃地说："傅承财，社里跟你谈过不止一次了，你那中农的发家思想要快点去掉，要不，害了集体也害了你自己。"

大家都笑了。傅承财也跟着咧了咧嘴，那样子比哭还难看。

第二天早上，社员大会上正式选举会计。

"欧阳海。"很多人都说，"他爱社、爱集体，办事公道，我们信得过他。"一句话博得全场热烈的掌声。

欧阳海一个人溜出会场，来到松树底下。

　　周虎山跟了出来。欧阳海对他说："那年我要跟你去参军，你说过几年来接我，这回好不容易碰到你，你又叫我等时机成熟，有了会计就把我替下来。这一下好，会计倒有了，我也别再想参什么军了！"

　　周虎山说："欧阳海，参军是为了保卫社会主义建设，可是农村里也要人为保卫集体利益而斗争呀！就拿昨天傅承财争工分这件事来讲，你能说记工员这个工作不重要吗？你一走，这个工作交给谁呢？只要有保卫祖国的雄心大志，参军早一两年、晚一两年都会实现的。"

　　欧阳海没有话讲了，他也明白会计这工作很重要，可是参军的心愿怎么也放不下来。

　　周虎山看出了欧阳海的心思，又安慰他说："参军当然是好事，为了保住社会主义江山嘛！我们还要把最优秀的青年送到部队上去！不过你现在的年龄还不够，集体化的道路上，需要有人带头。你先为社会主义建设多铺几块砖，再过两年，我一定送你去参军。"

　　周虎山扶着欧阳海的肩膀，两人一起往回走。这时，周虎山似乎感觉到：眼前的欧阳海，已不是

几年前的欧阳海了，他是个大人了。

阳光照着门前那棵松树，留下了一大片阴影。从影子看，松树确实不小了，可是要成材，还要经几番风雨的！

我要去当兵

　　毛主席亲手制定的总路线，乘着强劲有力的东风，吹遍了全国各地，我们欣欣向荣的祖国，正沿着通向社会主义——共产主义的道路全速前进。

　　凤凰村的人民顶着星星出工，踏着月光归来，意气风发地建设着自己的家园。公社成立了，公路从县城一直铺到山脚下，工厂办起来了，山区里第一次出现了大烟囱。世世代代住在老鸦窝的人，看着自己的家乡不停地点头：这才像个"凤凰"村了！村里没有人上过北京，人们站在山顶上，感激地望着北方在说：毛主席他老人家懂得我们山里人。山里苦，山里穷哇！山里要是不变，他老人家难过得睡不着啊！

　　欧阳海几乎忘了这段日子是怎么过来的。他心里常念着周虎山的那句话，要为社会主义建设多铺几块砖。

　　记得勘探队来了，公社派欧阳海领着他们进了大山，三个月中踏遍了太平山、老鸭嘴、四州山的大小山头。为了给社会主义大厦增添一砖一瓦，不管刮风下雨，不管白天黑夜，欧阳海苦干着。

　　金门前线一声炮响，勾起了欧阳海的心事：我们埋头搞社会主义，敌人看了眼红。这反动派还真的不死心。为了保卫社会主义，为了保卫三面红旗，我要当兵去！

　　建设家乡的兴奋变成满腔愤怒，欧阳海跑去报名，一路都在想：这回参军是十拿九稳的事了，厂里已经同意了；论年龄，虽说不满十八，可也差不了几天；论力气，挑百十斤重没有问题。就是个子小了一些。这也不怕，听那些复员的老战士说，志愿军在朝鲜战场上打美国鬼子的时候，小个子战士又机警又灵活，专门能治那些长着仙鹤腿的美国少爷兵呢！

　　报名站冷冷清清的。欧阳海想：这回可让我赶了个好时候。他兴高采烈地进了门。

"我要报名参军，打仗去。"

一个干部笑了笑，"来晚啦，小伙子。前天上午名额就满了！"

欧阳海好像掉进冰窟窿里，从头到脚都凉了。

"你在这儿发什么呆？"那位干部说，"还不赶快到别处去看看！沙塘那边的名额也许还剩下几个。"

欧阳海从沉思中惊醒过来，给了自己一拳："我真笨，哪里报名都一样嘛！"他拔腿就跑，边跑边想，"只要能够参上军、打上仗，就是上天边报名我也不嫌远！"

欧阳海兴致不减地朝沙塘跑去。

沙塘的报名站干脆连大门都关着。欧阳海用拳头把大门敲得咚咚响，也没有人出来开门。

"你干什么？"身后有个人在问。

"金门开炮了，我要打仗去！"欧阳海转过身来，抱歉地说，"我是赶来报名应征的。"

那个人仔细地打量了欧阳海一番，问道："我怎么没见过你，你是哪个村的？"

"我叫欧阳海，凤凰村的，今年足足十八岁了。"欧阳海觉得有希望，毕恭毕敬地站着，把胸

脯挺得高高的，补充说。

"凤凰村的？……我们镇子上还有好多人没报上名呢！连我家成伢子都晚了一步。"

欧阳海还没明白对方的身份，恳求着说："那你也要帮我想想办法！我打十岁起就盼着当兵打仗了。"

那个人打断了他的话，说："我还在到处为成伢子想办法呢，成伢子盯着我吵，吵得连觉都睡不成啊！"

欧阳海这才明白了对方的身份，他转身就跑。

欧阳海赶到白城，白城的名额也满了。

欧阳海赶到石桥，那里在三天前就"报名截止"。

欧阳海整整跑了一天，到处说好话。干部们态度倒是不错，就是"名额有限，没有办法"。

太阳落山了，欧阳海拖着沉重的双腿，慢吞吞地往回走。也不知道是因为一天忙得没吃饭，还是参军的希望落了空，他简直一步也走不动了。到了沙塘，他觉得腿软，无力地坐在一家的台阶上。一抬头，看见对面的墙上贴着一张"通告"：

凡已报名的应征青年，定于本月17日上午8时进

行体格检查。

体检地点：沙塘卫生院。

看着通告，欧阳海一算日子，一跺脚："完了！今天已经16号了，明天就要去检查体格，可我连名都没有报上！"

他又回到台阶上坐着，双手托着下巴想：想当兵想了整整八年了，连个名都报不上。别人去打反动派，去炮击金门，我欧阳海恐怕连炮声都听不见了。他心里一阵难过，头渐渐地垂到胸前。

欧阳海想起周虎山，他心里一亮，"找他去！他说过今年送我去当兵的。再说他又是部队转业的，一定会有法子。"力气又重新回到他的身上，他站起来飞快地朝公社跑去。

公社党委书记周虎山正在开会，欧阳海焦急地在他房里等着。他觉得好像等了半辈子，他急得满屋乱转，眼睛不时看看闹钟。门开了，周虎山笑呵呵地走了进来。

周虎山把他让在椅子上坐下，递过来一条毛巾，"看你这一头汗，出什么事了？"

"周书记！"欧阳海擦了一把脸，开门见山地说，"参军的事。我今年足足十八岁了，你不是说

过，等够了年龄，让我去参军吗？"

"那就参嘛！现在又没有谁拦着你，关键是你自己的态度，最最重要的是你自己有没有保卫祖国的决心。"

"我的决心你还不知道吗？"欧阳海委屈地说，"现在不是我有没有决心，关键的关键，是人家报名处不要我！"

"凭什么？"

欧阳海把报名碰钉子的事，一五一十地全告诉了周虎山。越说越带情绪，最后埋怨地说："要是那年你把我带走多好，这些麻烦早就没有了。"

"不要紧嘛！"周虎山还是慢条斯理地说。

"你当然不要紧了！蒋介石你早就打过了，像我这么大的时候，你军装都穿破好几套了。可我……"欧阳海没有说下去。他从书记的态度上感觉到，这最后的一条门路也快完了。

"不要急，着急也不解决问题。"周虎山说，"你参军这个事在我脑子里转了不止一天啦。来，我给你找本书看看。"

"我不看！我要打仗去，等我打完了仗再回来搞生产。现在关键的关键是要想法参上军，打上

仗！"

周虎山把书放在欧阳海面前："你先看看这是本什么书，看了对你有好处。"

一个抱着炸药包的年轻战士的画像，出现在欧阳海眼前：《董存瑞的故事》。他急忙拿起书来，仔细地端详着封面上的董存瑞。看着这个舍身炸碉堡的英雄，欧阳海脸上满是兴奋和激动，眼睛一亮，眉梢也微微扬了起来。但很快，兴奋的神情从他脸上溜走了，他把书放回桌上说：

"他抱他的炸药包，我扛我的锄头。我又没报上名，也扛不上什么炸药包！"

"别光讲怪话。你看看人家是怎么参上军的？"

董存瑞的一些英雄事迹，欧阳海早就听说了，怎么参上军的却一点都不知道。他眨巴着眼睛问道：

"他是怎么参的军？"

"你看看这一段。"周虎山指着《董存瑞的故事》中"不到黄河心不死"这一节说，"你好好学学人家！"

欧阳海拿着书，吃力地一句句念，渐渐地他心

里亮堂了，看着看着，他一拍桌子站起来说："董存瑞是凭他那股要杀敌报仇的坚决性，反复要求才参上军的。董存瑞的指导员也是哭着闹着要参军，部队才收留了他。连董存瑞他们的老政委也是这样：在长征路上，宁愿饿着肚子，也要跟着红军走，结果才当上了兵。"

他放下书说："周书记，我明白了！能不能参上军，关键的关键，在于我有没有那股保卫社会主义的坚决性。"

周虎山把欧阳海拉到跟前，认真地说：

"对！首先要提高认识，端正入伍动机。否则就算穿上了军装，也不能算是真正的人民战士。欧阳海，解放快十年了，人民的觉悟水平越来越高，青年人都愿意到部队去锻炼锻炼，为保卫社会主义出一把力。党要把那些最优秀的工农子弟送到队伍上去。部队也欢迎那些保卫祖国最坚决的同志到部队中来。我看这些条件你都具备，只要你真心诚意为了保卫祖国，保卫社会主义，那参军的事嘛，……"他对着欧阳海的耳朵说起悄悄话来。

欧阳海紧锁着的眉头逐渐舒展开来，嘴角露出一丝微笑。突然，他眉毛往上一扬，双手抱住了周

虎山的脖子，高兴地喊着：

"书记，你真是个好书记啊！我心里憋了快十年的那块'病'让你治好了！"

第二天上午8点钟，沙塘卫生院的院子里站满了等待体格检查的应征青年。一位白衣护士拿着一叠体格检查表走出来。她照着表念名字，念一个进去一个。检查表念完了，院子里还剩一个青年，稳稳当当地站在那里，他就是欧阳海。

护士说："欧阳海，没你名字快回去吧，不用在这里等啦。"

"护士同志，我打老鸦窝解放那年起就等，到今天已经等了快十年了，你还让我等到哪一年呦！"

护士为难地说："你跟我讲没有用啊，我只负责检查身体。"

"那麻烦你把兵役局的干部请出来一下，让我当面跟他说说。"

"好吧，你等着。"护士说完进去了。

欧阳海老老实实地站在院子里等着。他早就想好了，现在想参军的人太多，不经受一点考验是当不成兵的。等，就算是对自己坚决性的一次具体考

验吧。

护士同志出来说："兵役局的同志正忙呢，他说已经知道你的心意了，请你明年再来。"

欧阳海没有说啥也没有动地方，还是老老实实地等着。不知道过了多久，有些青年已经检查完出来了。欧阳海看见他们有的人满面春风，连蹦带跳地跑了出去，看样子检查的结果不错；有的垂头丧气地走了出来，估计是身体的哪一部分不合要求。欧阳海目送着他们一个一个地走了，自己还信心十足地等着。护士偶尔从门口路过，看见他还直挺挺地站在院子里，对他说：

"不是叫你明年再来吗？"

"今天要不让我参军，我就站在这个院子里过年！"

护士眨了眨眼睛没说话，赶紧跑进去把一位兵役局的同志请了出来。

"就是他！"护士指着欧阳海对兵役局的同志说，"从早上一直等到现在。"

兵役局的同志慢慢地从下而上，看到了欧阳海那满含着期待而又坚定的眼神。他挠着头皮在考虑什么。

护士同志递上一张表格说："我这里刚好多一张体格检查表……"

那位干部把体检表交到欧阳海手上：

"你……你先检查检查再说吧。"

"是！"欧阳海大声应着。

"快跟我来吧！"护士同志热情地招呼着。

欧阳海三步并作两步，紧跟着护士进了门。

医生把欧阳海检查得那个细呀，凡是能看见的地方都看了。折腾了半天，才在体检表上写了个"一般"。欧阳海不知道是什么意思，眼珠一转，决定再去找周书记。

还没走出大门，听见有人在说话，声音透过门缝传了出来："像他这样的青年到部队，一定是个好样儿的！把这样的青年送到部队去锻炼，也是我们的义务。我是看着他长大的，你瞧瞧他今天这坚决性……"这是周书记的声音。

欧阳海听着，心里一热。

欧阳海终于当上了兵。临出发的前一天晚上，欧阳海才从工厂回到家里来，他正想着怎样和妈妈说呢，妈妈走了过来，低着头说："衣服给你收拾好了，在你床头上放着。"说完，伤心地背过脸

去。

欧阳海没有料到妈妈早就知道了，更没有想到，妈妈已经替他收拾好了行装。打开包袱，是几件洗得干干净净、叠得平平整整的衣服；那磨破了的肩膀都用新布补好了。

妈妈养育自己18年，18个寒暑啊，天天看见妈妈围着火塘转，自己竟不晓得她是这样一个通情达理的好妈妈！

"妈！"欧阳海喊了一声，想扑到妈妈跟前去，又怕惹得妈妈更伤心，只好站在原地没有动。

妈妈还在难过，她轻轻地晃着头，转过身来看了儿子一眼，想说什么又没有说出来。欧阳海一时也找不出适当的话来安慰妈妈。

屋外，阵阵惊雷滚过山峦起伏的老鸦窝。

太阳还没露头，山里飘着一层薄薄的晨雾。欧阳海要上路了，全家送他到门口。他看了看门前的松树，早已是枝繁叶茂了，笔直的树干挺立着，松针傲指蓝天。18个春秋，18个冰雪风霜、阳光雨露，使它也长大成材了。

是啊，欧阳海已经十八岁了，该是他为保卫社会主义江山贡献力量的时候了。

爸爸把他长满厚茧的大手，搭在儿子的肩上说："到了队伍上，可要为我们贫农人家争口气，事事都要干在前头啊！"欧阳海坚定地点点头。

欧阳海知道是该走的时候了，他深情地用眼睛向妈妈、向松树、向全家人告别。他带着亲人们的期望踏上了新的道路。

欧阳海把《董存瑞的故事》放进包里，他仿佛在飞，仿佛在喊着："董存瑞！我的好兄弟，欧阳海正踏着你的脚印，跟上来了！"

英雄的力量

早春刚刚过去，四月的南方，已经进入了夏季。

欧阳海每天工作完，或者是休息时，总是捧着那本《董存瑞的故事》，坐在山坡上看。从头到尾，不知看过多少遍了，每次看，仍然和第一遍一样深深地激动着。

看到董存瑞参军的地方，他为董存瑞高兴；看到董存瑞打仗、缴机枪、侦察、挂帅点将的章节，他浑身火辣辣地坐不住；看到董存瑞炸碉堡的时候，他总要情不自禁地举起左手，模仿董存瑞那个震撼世界的英雄姿势，轻声地喊着："为了新中国，冲啊！"

　　欧阳海经常想：自己要早点出世就好了！欧阳海给了自己的后脖颈一巴掌，人家董存瑞该有多幸福，出生在战争年代，只要能参上军，起码还能打它几仗！现在，什么都晚了，什么都赶不上了！就算是参了军，也只剩下抡斧子呀、砍大树呀这样的'战斗'任务了。工作当然重要，可是人的一生当中，总应该过得更有意义才对。今天，要想多杀敌人，多缴枪，轰轰烈烈当个战斗英雄，是难上加难了！

　　一天傍晚，欧阳海刚爬上山坡，书还没打开，就听见班长在喊他。说是看电影，叫他快点下去。

　　和前几次一样，一放就是两部影片：在正片《上甘岭》的前边，还加映一部反映百万农奴站起来的新闻纪录片。听说《上甘岭》演的是打帝国主义的事，欧阳海来了劲头。自己不能去打帝国主义、反动派，能看看打帝国主义反动派的电影也是好的。

　　两根竹竿挑起一块白布，算是银幕，战士们席地而坐。

　　开始放映了，同志们静静地看着，没有议论，没有嬉笑，不时从人群里传来几句愤怒的叫骂声。

　　欧阳海前几次看电影都是从头笑到尾，这次不一样，一开始他心里就不是个滋味。看着看着，他的眼睛模糊起来，银幕上的景物看不清，解说员的声音也听不清了。他揉了揉眼睛，这眼前晃动着的，哪是西藏高原，哪是藏族兄弟，明明是被风雪覆盖着的老鸦窝和桂阳山里的亲人们。

　　他仿佛从银幕上看到了莲溪街上母亲那张紧咬着牙、嘴角微微抽搐着的充满了痛苦的脸，耳边正响着四妹子嘶哑的哭叫声。眼泪顺着欧阳海清瘦的脸颊流过嘴角，一滴一滴地掉在沙土地上。

　　"看！"解说员的语调里充满了愤怒，"这是用人头做的一盏灯！

　　"看！这是从活人身上扒下来的一张人皮！

　　"看！……"

　　欧阳海看不见，也不想再看了，这世界上还有人在吃人肉、喝人血啊，那反动派还在残害和自己过去一样的受苦人！童年时期的欧阳海，熬过了九个严寒，爸爸和妈妈，在风雪中整整度过了50年，饥饿、灾难先后夺去了五个姊妹的生命……这样的岁月，应该早就过去了，为什么这天底下，还有穷人在受罪、在遭难呢？

欧阳海不能再往下看了！他好像回到莲溪镇斗争刘大斗的群众大会上，他已经看见周虎山那只有力的手臂举了起来。欧阳海猛地站起身来，把握紧的拳头指向夜空，拼尽全力呼喊着：

"打倒吃人的叛匪！"

"为人民报仇！"

同志们呼应着。

解说员的声音变得激昂有力："……几千年的奴隶枷锁已经打烂！……百万受苦的农奴就要站起来了！"

银幕上，我们的边防部队，正在冰天雪地里追剿叛匪，一队队持枪的战士，越过冰河，跃上陡壁。欧阳海看得清楚，听得明白，他觉得行列中那个高大的战士不是别人，就是董存瑞。好像董存瑞正瞪大了眼睛，朝他喊着：

"快来呀，欧阳海！你还等什么呢？快点冲上去，我的好兄弟！"

连部里，有两个干部正在灯下研究工作。指导员曾武军的对面坐着三连连长关英奎。这时，门砰的一声被推开了，欧阳海跨进门来，像个木桩竖在那里，一动也不动地立着。

"欧阳海，你怎么啦？"曾武军站起身来问，"看电影去嘛，《上甘岭》，打仗的！"

欧阳海没有回答曾武军的话，冲着关英奎问道：

"连长，我们人民解放军要是看见敌人在杀人放火，我们管不管？"

"管！"关英奎说。

"要是看见人民在受苦受难，我们去不去救？"

"救！"

"眼前敌人在逃跑，我们追不追？"

"追！"

"那好，连长，我要上西藏区！"欧阳海说完，一屁股坐在板凳上。

欧阳海站起来接着说："我受不了，我要去管，去救，去追！"

"追？那我们这儿的工作怎么办？不干了？"关英奎对欧阳海说。

"我就是为打仗才来参军的，现在有仗你不让我去打，还要我等到什么时候？……砍树的事，你找别人干吧。要不，等我打完了叛匪，再回来砍

树。"

关英奎准备再批评他几句，曾武军连忙说："当兵有分工嘛！比方你们湖南收稻子，有人割，有人打，有人往回挑。平叛不是咱们的任务，咱们的任务是搞工建。上级没下命令，怎么能随便走呢！"

"我们连不去，那，我一个人去！"

看见欧阳海满脸激动，关英奎递过一杯水说："听说西藏人民在受苦，我这心里像猫爪子抓似的，我也想去啊！当兵的，谁不想打仗？"

"连长，真的呀？"欧阳海一边抹着眼泪，一边高兴地说，"那我们俩一起去，你好好带着我，让我多杀几个叛匪，多缴几支枪！"

曾武军忙接过话来说："连长的意思是说，当兵的，应该时时记着人民的苦难。至于去不去平叛，那还得从全盘来考虑。"

欧阳海知道再说也没有用了。他起身就走，临出门又补了一句：

"你们不让我去，我给上级打报告！"

望着欧阳海的背影，关英奎不住地点头："这个小伙子，还真有股子虎劲呢！"

曾武军笑着说："像谁？见了他我就想起你打开原的那股劲头来了！也是哭着吵着要参加战斗。"

欧阳海回到班里，急急忙忙打好背包，又把要求去西藏参加平叛战斗的报告交给了班长陈永林，自己就坐在背包上不动了。

"报告我马上就给你转，现在还没批下来嘛，你先解开背包睡觉，休息休息啊。"陈永林说。

"批了我就走。不睡啦！"

陈永林推了推欧阳海："睡吧，再说，今天不好好休息，明天怎么上工呢？"

欧阳海犹豫了一下，很快又想：上工当然也重要，可现在关键的关键，是上西藏打仗去！

欧阳海心里有主意：我就是来打仗的，好不容易赶上平叛这个机会，要再放过去，会后悔一辈子的。

连部桌上的小油灯还亮着，曾指导员和关英奎连长还在灯下研究欧阳海的那两封信。

指导员曾武军坐在油灯前，拿着欧阳海的那份"报告"在想：这可真是一块好铁啊！怎么才能把他炼成钢呢？

连长关英奎也在想：这小伙子可真倔呀！只要他转过弯儿来，那在工建中准是一把硬手！

班长陈永林守在欧阳海身边想：你要不好好休息，明天怎么工作呢？

欧阳海坐在背包上也在想：叛匪，你等着！关键的关键是上级批不批，只要一批准，你看我怎么打你们……

指导员的鼓励

欧阳海把"报告"连着递上去三份，三份都是一个意思：我要打仗，我要去西藏。

几天来，欧阳海一收工就往连部跑，打听"报告"的下落。关英奎和曾武军的责任是，既要做好思想工作，不挫伤他这种革命的积极性，又要对他进行组织性和纪律性的教育。只要他能把这股杀敌的热劲转到工建上来，一定能发挥更大作用！

参军以来，欧阳海还没写过一封报"平安"的家信呢，妈妈不知道怎么惦记着自己呢！可是，可是写什么好呢？仗也没打成，功也没立上，连金门也没看见。未必，未必就写"儿在部队很好，整日都在砍树"？……不行！这样的信，邮回去也会惹

二老生气的。

这天是星期天，欧阳海跑到连部，里边一个人也没有，他又来到连长和指导员的宿舍门口，听见里边有人在讲话。

"……举手不悔，落地生根。"这是曾武军的声音。

欧阳海推开门一看：连长和指导员正在"将军"。他心里不太高兴，当连首长的，也太不关心同志了，人家急着要去打仗，他们倒好，在棋盘上打起来了……他转身要走，屋里传来指导员的声音：

"是欧阳海吧？进来嘛！"

欧阳海没有答应，也没有走。

曾武军开开门，把欧阳海拉进房里："我知道你要来找我的。来来来，先帮我一把。"说着，把欧阳海按在棋盘旁边的椅子上。

欧阳海哪有心思下棋，他像个弹簧似的又蹦了起来。

"星期天嘛！休息休息。"曾武军又把他按了下去。

欧阳海无可奈何地把棋势一看，指导员已经占

了明显的优势。欧阳海想：下就下吧，几步就完了，早点下完好问"报告"的事。

"好吧，我可不大会。该谁走？"

"该连长走。"曾武军说。

关英奎错拱了一步卒，欧阳海马上准备拿左车去"吃象、将军"，曾武军拦住了他，提起右边看着"卧槽马"的那个车。

明明是一盘赢棋，硬叫曾武军给下输了。欧阳海眨眨眼睛问道：

"指导员，你，你这是个什么下法？"

"你还没明白过来？"曾武军笑着说。

"这个车明明是该挡住那匹卧槽马的，你硬把它开过黄河干什么？那边的兵力够了嘛！"

"是啊！我也是这么想的，可你说要'追'嘛，有什么办法！"

"我？"欧阳海更糊涂了。

曾武军见欧阳海那副憨厚的样子，哈哈大笑起来。他仔细地和欧阳海研究刚才的棋势：

"有的车应该去追象吃，有的车应该看住要卧槽的马，各有各的用场，不能乱动；有的部队需要去参加平叛战斗，有的部队需要在这儿搞工建，各

有各的分工，更不能忘了自己的职责。刚才我稀里糊涂地把那个车开了过去，结果使老将吃了亏。"

"下棋要全盘考虑，打仗也一样。"曾武军接着讲，"我们能都去西藏，丢下这边不管吗？不能！……砍树、搞工建，也是和平叛同样重要的任务。我们在这儿别看不起眼，可这是在看着敌人的'卧槽马'呢！棋子有分工，革命就更应该有分工了。党需要我们看住敌人的'卧槽马'，我们就在这儿一步也不动，死死地看住它，党需要我们去追剿叛匪，我们抄起枪就出发。一切都应该从革命需要出发，凡是革命工作都是重要的！"

说完，指导员拉着欧阳海走了出去。

红彤彤的木棉花在枝头怒放，像一团团火球在树顶上燃烧。木棉花，把南方的绿水青山点缀得分外斑斓多彩。它红得那么稳重、庄严，难怪人们又把它叫作"英雄花"。

曾武军和欧阳海肩并着肩踏着青石板路朝山顶走去。

一路上，欧阳海几次想找机会再问问"报告"的事，可曾武军每次都故意地把话题岔开。他一会儿指着这棵树问欧阳海认不认得，一会儿又拔起那

棵草问欧阳海叫不叫得出名字来。当欧阳海回答不了的时候，曾武军就告诉他，这叫"大叶桉"，又叫"阔叶桉"，那种是"小叶桉"，又叫作"澳洲有加利"，树皮树叶都可以当药材；那是"苦楝"；那是"华山松"——据说是从华山移植过来的。

欧阳海只是出于对首长的礼貌，应付似的点点头；对这些树他根本不感兴趣。

曾武军又拔起路边的一棵草说："这你一定认得。"

欧阳海兴趣索然地看了一眼："地菜。"

"我们家乡叫地米菜，也叫荠菜。小时候家乡闹春荒，抢都抢不着啊！"曾武军摘下一片菜叶闻着，"那时候，有钱的财主们有时也用它来包一顿饺子吃，说是尝新鲜。等地米菜开出小白花了，他们就嫌它老了，不吃了。可穷人们恨不能整年拿它当粮食！"

欧阳海想起了自己挖野菜的童年，他觉得自己和指导员靠得更近了些。他指着野菜问道：

"指导员，你在家的时候，常年都挖野菜吗？"

"挖！有一年我从财主的田头上挖了点开了花的地米菜，财主硬说我偷了他的高粱子，把我抓住打了一顿。参军后，我把这些事在诉苦会上说了，正好第二天部队就开到我们那个村去了，偏偏又赶上了斗争财主的群众大会，连长关英奎跑上台去把老财主揪了下来，按在地下死揍了一通……为了替我出那口气，老关他还背了个处分呢！"

"打地主，也……也受处分？"

"这动机是好，可方式方法不对呀！再说，革命战士嘛，要有政策观念，还要有组织纪律性。比方你吧，要为人民报仇，这思想是对头的，可不管三七二十一，非去不可，那就缺乏组织纪律性了。你说呢？"

"指导员，你不是说今天不谈这个问题吗？"这回轮到欧阳海想把话题岔开了。他望着前边的一片树林问："指导员，那些什么'阔叶桉'、'澳洲尤加利'，你从小就认得？"

"不，那是我住医院时学的。我在医院里躺了整整半年！我还以为再也不能回部队工作了，想学点关于植物知识，等什么也不能干的时候，回到家乡去看森林去。不能为党工作，是一个革命者最大

的痛苦。住医院可真不是个滋味，那时候，我一天到晚盼着出院，能够为党做点工作，就是最大的幸福。

我们在这儿砍树，不是为地主老财修祠堂，不是为军阀买办盖洋楼，是为保卫我们的社会主义事业搞工建。你仔细琢磨琢磨，这不就是最大的幸福吗！因为不管干啥都是为了社会主义，为了革命。"

曾武军指着山顶说："只有百十米了，来，看咱们谁最先上去。"

欧阳海一口气冲上了山顶，无边无际的大海呈现在眼前，海浪撞击着岩石，发出震天巨响，激起一阵白雾。

大海的景象使欧阳海惊呆了，他连做梦也没有想到海是这样的。自从知道这里不是前线，他就连海也无心思看了。现在，他又后悔没有早一点爬上山顶来。

汹涌澎湃的涨潮声从山脚传来，海风把欧阳海的军衣高高扬起，这时，他才醒悟到：欧阳海呀欧阳海，你就应该像大海这样，奔腾咆哮，永不平息！

　　欧阳海面对大海矗立着，好久好久才回过头来。身后山峦起伏，脚下的公路成了一根白线，营房变成了几个小黄点，水田里已经冒出一片新绿，好像整个祖国都在自己眼前。欧阳海想起一首歌里的词来：

　　宽广美丽的土地，

　　是我们亲爱的家乡。

　　不远处，有一块石碑，石碑上有些字欧阳海不认识，有些字又不明白是什么意思。他正在纳闷，曾武军来到石碑旁边，给他讲了这样一个故事。

　　这块石碑上记载着一百多年以前，一支中国部队和帝国主义作战的故事。1841年，就是清朝道光二十一年，英帝国主义凭着它的洋枪洋炮来侵略咱们中国。当时有一支部队刚从湖南赶到南海边，可那时朝廷腐败，地方官又都是些怕死鬼，哪还顾得上修工事。那支部队不分昼夜地赶到这里，正准备抢修工事，可是已经来不及了。

　　英帝国主义派了五艘战船、两只汽艇，气势汹汹地来到这一带海面上。部队只好凭借着天然工事，在一块礁石上阻击敌人。那个时候，战船上用的是后膛炮，中国士兵的手里只有土炮土枪。尽管

武器比敌人差，可是凭着中国人不甘心受压迫，不甘心被侵略的志气，接连打退了英国兵船的三次进攻。

敌人急了，重新组织兵力，又开始向海岸冲击，炮弹一颗又一颗地落在礁石上，咱们部队有的战士牺牲了，有的负了重伤，可是没有一个人撤退。他们冒着炮火，继续在礁石上射击。士兵们越战越勇，眼看要把英国战船打沉的时候，海潮涨起来了！海水涌上了礁石，涌进了他们的临时工事，渐渐地漫过了士兵的膝盖。指挥官问撤不撤。全体士兵只回答了一个字："打！"

为了打沉侵略者的兵船，他们在齐腰深的海水里继续开炮。海水又涨高了一些，眼看所有的土炮都快要淹没了，只剩下最高处还有三门土炮露出水面。一个重伤的炮手爬了上去，一连开了三炮，炮炮命中。英国战船最终被打沉了！可是这些士兵们……为了消灭侵略者，这一千多中华男儿，誓死守在礁石上，继续射击，直到他们全部被潮水卷进大海……战斗结束以后，人们为了纪念这些牺牲了的英雄，给他们在山顶上立了这块石碑。

曾武军指着海上一块礁石说："那儿，就是他

们战斗过的地方。"

一块乌黑的礁石挺立在海浪中，一阵高似一阵的海潮，正铺天盖地地从它头顶上漫过去。涨潮了。

欧阳海目不转睛地望着英雄们战斗过的地方，心情像海涛似的翻滚不停。海风呼啸，涛声阵阵，他仿佛看见了那群士兵正在开炮，他仿佛听见了当年的喊杀声。他激动地看着，想着……

曾武军深情地说："一百多年以前，我们的祖先在这里抗击过帝国主义，今天，我们作为人民战士驻守在这里。"他站了起来，目光炯炯地望着远方，"前边，帝国主义的军舰，还时时想进入我们祖国的领海！前几天的报纸上，我们向帝国主义提出了第四十八次严重警告。四十八次了！帝国主义这么欺负我们，你想想，作为一个战士，我们肩上的担子该有多重！欧阳海，谁说这里不是前线，谁说这里不是战场！"

"指导员！……"欧阳海激动得不知道该说些什么。

"前边是大海，身后是祖国。欧阳海，我们在这里是为祖国的南大门站岗，也是为北京、为天安

门、为毛主席站岗。

站在这个山顶上，你用眼睛虽然看不见北京城，可是你心里应该看到。抗美援朝的时候，有一位同志在堑壕里写过这样一句诗：'我们决不后退一寸，因为，我们的身后，就是天安门。'他是用自己那颗心望见了北京城。真正懂得了这个道理，你心里就亮堂了，你就会明白：这里就是我们的战场，这里就是你为保卫社会主义杀敌立功的前线！"

是啊，脚下的这个山，并不比家乡的四州山高，可是欧阳海觉得自己的视野更开阔了，是指导员拨亮了他心里的那盏灯，让自己看得更远，想得更远。

欧阳海认真地说："指导员，你，你替我向上级把那份'报告'要回来吧！"

"怎么，不去西藏、不想当个董存瑞式的战斗英雄了？"

"西藏我不去了！"欧阳海斩钉截铁地说，"战功我一时也立不上了，可是我要在工建中战斗，在劳动和训练中为人民多立功！"

欧阳海难为情地笑了笑。

　　海潮阵阵卷来，大海还在汹涌。欧阳海迎着海
风屹立在山头上，正在想他的“战斗”计划。

苦练硬功夫

紧张的工建任务开始了，打锤成了全连一大难题。12磅的大锤抡起来一阵风，要不偏不歪地正好砸在钢钎上，劲使小了不起作用，大臂抡锤又很难打准。

不少新同志见了大锤就有些胆怯。今年补充的新同志比较多，让他们很快地跟上队，打出老同志的水平来，这是工建任务能否提前完成的关键。连里决定组织一次示范表演，一来打消新同志的顾虑；二来摸摸大家的底。

房前的平坝子上，围满了前来参观的同志。几个过去打锤的能手，相继出来表演了一番，叮当叮当砸得火星直冒，打得新兵直吐舌头。关英奎问新

同志中谁敢出来试试。

"我来算一个！"欧阳海从人群里蹦了出来，往手心上啐了两口唾沫，虎里虎气地握住了大锤就要打。

欧阳海的虎劲是全连出了名的，胆儿也大。可是打锤不比别的，万一有一锤打偏了，那掌钎人的两只手就别想再要了。

欧阳海敢打，可是谁敢替他掌钎呢？同志们相互看了看，谁都没有上去。

连长想了个办法，他去找了一把长钳子，用钳子稳住钢钎，让欧阳海试试身手。

欧阳海挥动双臂，抡起12磅大锤朝钢钎砸去。力气倒是不小，可是一连三锤都打在地上，钢钎的边也没碰着，长钳子倒被他砸弯了。

关英奎说："欧阳海，看来光有虎劲还是不行。你先在一边多看看。换个人来吧！"

刘伟城大摇大摆地走出队列，只听叮当叮当，一声接着一声，锤锤都砸在钢钎上。一口气打了几十锤，他才停下手来，赢得了一片掌声。

欧阳海躲到一旁埋怨自己笨，他羡慕地望着刘伟城，暗下决心：战士嘛，就应该是这样的，我得撑上去！他能干的我也能干，还要比他干得更好！

一连几天午休的时候，陈永林也看不见欧阳海在床上躺着，晚饭后的游戏时间，球场上也没有欧阳海的人影。

原来小魏替欧阳海设计出了一个练打锤的窍门：在房后的一个大树墩上，用粉笔画个小白点，他特意从仓库里借来一个18磅的铁锤，一有空，就抡起铁锤拼命地朝小白点砸去。这样既练了臂力，又练了准确性。每次都一直练到胳臂抬不起来了，小魏劝他休息休息，他还要坚持打。

几天以后，胳臂又红又肿，特别是晚上上了床，胳臂火烧火燎，疼得他浑身冒汗。每天必须坚持的20下曲臂支撑运动也只得暂停。他弄了块凉手巾敷在又红又肿的胳臂上，紧咬着嘴唇，尽量不让自己哼出声音来。

有一天，班长发现欧阳海吃饭的时候，连着掉了好几次筷子，出操的时候，两臂甩动的幅度也不合要求，纠正了几次都改不过来。直到洗澡的时候，陈永林才发现，欧阳海的两只胳臂又红又肿，滚烫滚烫。

陈永林被欧阳海这股顽强劲所感动，就替他掌

钎。欧阳海抡起大锤就打，叮当叮当，班长喊了几次才住手。

"班长，我们班再要成立突击组的时候，你让我也算一个嘛！要不，我跟你配对，向全连挑战！"

"上级不是号召说，要突破打锤这一关吗？营长还说，为了破除打锤的神秘性，要组织全营的新老同志交流经验来提高工效呢！"欧阳海想了想又问，"班长，你去建个议，让我也去试试，在经验交流会上表演，我保证不给我们班、不给我们连丢丑！交流经验不就是为了推动工作吗。"

"等你胳臂好了再说，要不，我马上就找连长汇报去，刚才他还问到你呢。"

"别，班长！你可别汇报……我，我一定好好休息，不再练了！我要再不睡午觉，你汇报什么都行。"

陈永林抿着嘴笑了笑。

经验交流大会就在工地现场举行，几个兄弟连队围成个圆圈，营首长也来了。

这次打锤全是18磅的大锤。一连的老张最先出场，他先介绍了一些打锤的要领和自己的体会，接

着就一气打了150锤。人群里发出一片的赞叹声。

二连的代表也不错，打了150几锤。三连打锤的能手刘伟城出场了。今天他特意穿了件胸前印着大红"奖"字、下边还印着"采石场赠"的白背心。他叉开双腿，然后不紧不慢地打起来。刘伟城打了200锤！

他放下铁锤，满头大汗地回到队列里。

掌声、笑声、赞叹声跟着他一起涌来。一连、二连的代表也赶来握着刘伟城的手，向他祝贺。首长就要开始总结并分析他们三人的优缺点了，欧阳海小声地对身旁的陈永林说：

"班长，你快建个议，让我也上去试试！"

看看班长没同意，欧阳海想：我应不应该出去试一试呢？……应该！我应该出去打一打！

"报告！"欧阳海跃出队列，"首长，我来算一个！"停了停，他觉得这句话不妥当，又补充道，"我没啥经验可介绍的，我只想试试看。"

"能够打得好，这本身就是经验。来吧！"营长向欧阳海点着头说。

"是！"欧阳海大声应着，跑过去拿起铁锤。大家都愣了：这个属"虎"的，又要出什么洋相？

陈永林那颗心，忽悠一下被提了起来。

掌钎的同志一看是欧阳海，放下钢钎走到一边去，同志们都笑了起来。欧阳海进退不是，拿着铁锤愣在那里，脸刷地一下红了。

"我也来算一个！"关英奎迈着大步走过来，他拾起地上的钢钎，稳稳当当地竖在石头上，仰起头来，信任地望着欧阳海，好像在说："属'虎'的，你只管放心地打吧！"

欧阳海感激地望着连长，还没等营长说"开始"，就抡锤打了起来。他一锤又一锤，重重地砸在钢钎上。

欧阳海在继续打着，他一锤比一锤有力。"101、102……"欧阳海不仅锤锤有力，而且速度也加快了。掌钎的关英奎只觉得手心阵阵发麻，震得虎口直痛。

打到170多锤的时候，欧阳海觉得再也没劲了。铁锤不是18磅，像是突然间增加了几倍似的，每轮一锤，都要费尽全身的力气。"这是关键的关键啊！"他鼓励着自己继续打下去。可是力不从心，速度也渐渐地慢了下来。

"加油啊，欧阳海！"小魏在队列里大声喊

着，"你现在最要紧，最最要紧的就是别松劲！"

"再加把劲，为没有打过锤的新兵树个榜样！"有人鼓励着说。

小魏的提醒，同志的鼓励，使欧阳海浑身是劲。一个信念在支持着他：一定要赶过刘伟城！一定要对得起掌钎的关连长！为了鼓起新同志打锤的勇气，一定要坚持下去！

"……199、200、201……"人群里起了一阵骚动，陈永林悬着的那颗心，这会儿才放回原处。

书记数到"230"以后，同志们反而静下来了，大家都咬着牙，暗暗地替欧阳海使劲。很多人不由自主地和书记一起小声数着："……235、236……"

掌钎的关英奎先前也在暗暗替欧阳海使劲，这会儿，他好像猛地一下明白过来：糟！这小伙子"虎"劲又上来了！他怕欧阳海好强伤了身子，不断地用眼睛向他示意。欧阳海误会了连长的意思，一下比一下打得更猛，速度更快。

过了250锤，营长、连长都劝欧阳海算了。欧阳海反倒觉得浑身是劲，18磅铁锤的分量，这会儿倒像减轻了许多，只需要机械地一下一下往下砸就行

了。

"停住！"关英奎拧着脖子喊。

"最后30锤！"欧阳海欲罢不能。

叮当叮当，像连珠炮似的声音，震得大家目瞪口呆。很多同志热情地随着欧阳海的动作，每抡一圈喊一声"加油"。

欧阳海在书记数到280下的时候，才兴犹未尽地停了下来。

四班的战士一拥而上，班长递过来水壶，小魏递上条毛巾，还用芭蕉叶子替欧阳海扇着……

许多新同志议论开了："这说明打锤并不神秘！""欧阳海和我们一样，他能干，咱们也能干！"

……

营长转身向欧阳海问道："你不会没有经验的，说说你的体会是啥？"

"我的体会就是把大锤当成武器，把钢钎看成是敌人的脑袋。"欧阳海说，"这样嘛，胳臂上就来了劲，打多少也觉得没打够。"

"好！这点体会最重要！"营长满意地说，"难怪他一口气打了280锤，因为他思想里有敌人，

这一点值得我们全营的新老同志学习！"

欧阳海心里并不满足，他要继续练下去。

立功受奖

星期六下午，党团活动刚刚结束，俱乐部里就热闹起来了。部队刚刚转入正式工建，指标就不断被突破。为了鼓舞全体战士，连里正在为庆功晚会做准备。文娱委员小黄一边打着竹板，一边排练：

"……欧阳海，个儿不大，什么困难都不怕。一心想学董存瑞，要去把叛匪杀。自打安心工建后，虎里虎气有办法。扛起那个木料满呀满山跑，抡起那个铁锤二呀二百八。论干劲，他数第一，打锤标兵也是他。入伍刚刚三个月，胸前戴上大红花，大红花！……"

欧阳海正在隔壁伙房里帮厨，小黄的快板透过篱笆墙，一个劲地往他耳朵里钻，他听了有点不好

意思。来到部队才三个月，不久前加入了共青团，班务会上又给他评了个三等功。他要给家里写封信，把自己在部队的进步、立功喜报寄回去，让爸妈也高兴高兴，还要到镇上去照相，最好能把枪带去，打开刺刀照一张冲锋姿势的，那样神气些。还要买一本描写黄继光的书，结合学文化好好读一读。正好班长陈永林走过来说：

"欧阳海，伙房没啥事情了，人太多了也转不开身子。你这两个月够辛苦的啦！今天休息休息，等着会餐吧。"

"班长，要说忙都一样，要说辛苦，你们当班长的可比我们累多了！"欧阳海说着四下看了看，发现帮厨的同志确实多了些，这才跑回寝室去。"班长也评上了三等功，人家在伙房忙完了，又去打扫猪圈去了。欧阳海低头看见自己一身新军衣，羞愧地把它脱了下来，转身朝猪圈跑去。

庆功会和娱乐晚会同时举行。俱乐部里张灯结彩，好不热闹。红底金边的光荣榜上，写着全连二三十个立功受奖同志的名字，第一个就是"欧阳海"。

欧阳海看见光荣榜上自己的名字时，低下头来

望着脚尖，心里有股说不出的滋味。

一个挎着讨米篮、拿着打狗棍的穷孩子，如今生活在温暖的革命部队里，各级组织在关心、培养自己，多少同志在帮助、指导自己！班长和老同志们起早贪黑，事事干在头里，处处为全班做榜样，自己作为一个新兵，只是在大家的带动下做了一点工作：就是多扛了几根木头，多抡了两下铁锤，还要评功，还要戴上大红花！

欧阳海慢慢地抬起头来，前面一排领袖像的中间，毛主席他老人家好像正用慈祥的眼神望着他。

大会开始了。营、连首长都讲了话，意思是要保持荣誉，功上加功。这时，欧阳海才发现正面墙上贴着两行醒目的标语："虚心使人进步""骄傲使人落后"。他对自己叮咛着一定要牢记。

"欧阳海！"关英奎拿着名单喊了一声，他慌忙答应着站起身来，不知如何是好。陈永林推了他一把，他才想到应该走上台去。营长把大红花给他别在胸前。这时台下响起了一阵又一阵的掌声。

欧阳海低着头，站在台上不敢朝下看，觉得浑身不自在。扛木头、打锤的时候，自己可以喊着"我来算一个"抢上前去。可戴花就不一样，站在

台上，连手脚也不晓得怎么放着才好。欧阳海像在做梦似的，闹不清到底发生了什么事情。

节目开始了。欧阳海看着看着，他想起临参军那天，爸爸嘱咐的话："到了队伍上，事事都要干在前头啊！"现在总算没有辜负爸爸的期望。

熄灯号吹过了，营房又恢复了平静。欧阳海伸手取下大红花，借着月光看了又看。心想：今后，我要干得更好、更出色，还要多多地立功！当兵嘛，就得当个好样的。欧阳海还在想：现在虽不能打仗了，可是，只要把训练、施工这些任务完成好，那就跟打了胜仗、缴了机枪一样，和平环境里一样出英雄！

欧阳海习惯地拿起《董存瑞的故事》，专找董存瑞立功的那段看：董存瑞缴了挺机枪，胸前挂上了第三颗奖章……欧阳海想，这才是真正的光荣呢！我算什么？又没有缴过机枪，又没有炸过碉堡，和他比起来，自己只能算是刚刚学着走路。不过不要紧，谁都是从第一步开始学起的！我现在已经开始迈腿了。

迷迷糊糊的，他觉得自己正在一条路上走着，不，好像是在天上飞着。

窗口洒进来的月光慢慢地移动着，它照着欧阳海微笑的脸，也照着他手中的大红花。

曾武军轻手轻脚地替欧阳海掖好蚊帐。透过蚊帐，他看见欧阳海手上的大红花和满脸的笑容。曾武军沉思着：这个新兵向前迈了一步，第一次立下了三等功，可是革命的路途还长着呢！立功，可以说是革命路上的一个加油站，有的人，把鼓励当成力量，推动着自己，以更高的速度前进；有的人，却从荣誉当中找到一张思想上的躺椅，以为可以心安理得地坐在路边喘喘气，休息休息了。现在荣誉给欧阳海带来了什么？他在向往着什么？梦中的欧阳海，又在笑什么呢？……

月亮躲进了云层，窗外传来一两声虫鸣，营区是多么安静。可是，指导员还在床前沉思，欧阳海也还在梦中微笑……

77

自觉的好战士

省里要召开民兵积极分子代表大会，上级指示从三连选派一个好班长去列席会议，并给民兵代表们做刺杀示范表演。支委会正在研究这个问题。多数支委同意欧阳海去：论刺杀技术，他是全连最拔尖的；其他无论战术、射击、投弹、体育等方面，他也都是班长当中数一数二的。个别支委的意见是让刘伟城去，论刺杀他虽然不一定比欧阳海强，可是最近的进步比较大，同时也稳重些。

"是啊，欧阳海太毛躁了。"一个支委说，"遇事爱提意见，弄得不好就会造成影响。"

"爱提意见并不能算是缺点嘛！"支部书记曾武军说，"只要是为了帮助领导，改进工作，爱提

意见还应该算作对革命负责的优点呢！"

最后经过支委们研究，都同意了让刘伟城去。

关英奎说："支部正在培养他，这就算是对他的一次具体考验吧！"

考验来到欧阳海的头上了。

从关英奎宣布刘伟城去参加民兵大会起，欧阳海就低着头没有吱声。班务会上就这个问题进行讨论的时候，一向爱发言的欧阳海只说了句"大家谈谈吧"，就再也没话说了。

操场上，杀声不断，关英奎正领着刘伟城和另外几个同志在练对刺。刘伟城就要到省里去了，在大会上除了取经以外，还要拿出点真功夫来，这样才能有效地指导民兵们练习刺杀本领，否则还叫什么"示范表演"呢？

膀大腰圆的刘伟城，穿着满身防护盔甲，威风凛凛地站在那里。几个战士轮番上去，都被他一一刺中。关英奎挥舞着小旗，文娱委员小黄是义务广播员，他扯着嗓门大叫：

"一比零！"

"二比零！"

"三比零！又垮了一个。谁再上？"

一个排长向周围的同志大声喊着："让连长上！打开原的时候，他一个人捅死了三个敌人。"

曾武军也抢着说："我证明！他那次捅死的敌人，不是三个，是三个半——有一个肠子都被挑出来了，捂着肚子跑了。"

随着排长的话音，场上响起了有节奏的鼓掌声。

"好吧！"关英奎想，刘伟城左边总有空当，提醒了几次他都改不过来，得让他吃点亏才能引起他的重视。他换好了防护衣服。

刘伟城知道连长的功夫。他原地琢磨了一会儿才猛地一枪刺过去。关英奎早料到他又是这一招儿，瞅准了空子，顺手一拨，刺中了刘伟城的左前胸。

两个回合，旗鼓相当。现在就看最后一枪决定胜负了！

第三枪谁都不轻易出手。眼睛看眼睛、枪尖对枪尖，就这样相持了好一会儿。关英奎忽然大喝一声，就像一个炸雷劈了下来，震得地都发颤。刘伟城被这突如其来的阵势弄愣了，正在犹豫，关英奎的枪尖又朝左边奔来。他凭着个子大、力气猛，好

不容易躲过了这一枪。尽管他左拨右挡，仍然摆脱不了被动局面。急中生智，他也怪叫一声，顺势把枪刺了出去。关英奎眼看躲避不及，干脆迎身而上，两个人同时刺中对方。

掌声、叫好声一直平息不下来。

关英奎摘下防护帽说："不！应该算我输了。战场上，我们提倡积极主动地打击敌人。平时的训练中，我们也要鼓励主动进攻的精神。刚才这一枪，是大个子主动，按规定应该判大个子胜。另外，他刺得比我勇，比我猛。他快而不乱，勇中有谋。不过也还是有毛病，只是我还治不了他。告诉你们吧，要是咱们指导员那年不挂花，他才是真正的一把手呢。打开原的时候，他那把刺刀在全师都挂上号了，不是他，我这脑袋恐怕早就不存在了！要是他上来嘛，还能跟刘大个拼一阵子。"

"大个子进步得可真快呀！"有人讲。

"看来，一时半会儿没有人能治得了他。连连长都输了嘛！"有人附和着。

"你们先等等，我去找个能治大个子的人来！"关英奎跑回营房，冲着正在屋里看书的欧阳海说：

"走，跟刘大个子练练对刺去！"

"我不行。"欧阳海还捧着书本不放。

"什么态度？刘大个正缺你那两下子，他左边老有空当，得让他吃点亏才能引起重视。快！捅他几枪去。"

……

操场上正在议论谁敢再上去拼一拼的时候，一个战士跟着关英奎跑来了。他分开众人，站在场子中间，个子虽小，可弓箭步拉得有精有神儿，防护帽紧紧扣在头上。一时还认不出来这是谁。

"准备！开始！"

刘伟城像块石碑似的竖着，真有一副风吹不倒、雷打不动的气势。正当他选好了有利地形，仔细观察对方弱点的时候，小个子冷不防来了一个"突刺"，出枪是那么迅速、有力！刘伟城的防左刺还没完成，就"突"的一声挨了一枪。

"……一比零！"

小黄语音未落，刘伟城端枪冲了上去。小个子原地不动，以逸待劳。他的防右刺和突刺，跟得比机枪的连发还要紧，"突突"两下，就像同时伸出来两支枪——一个挡，一个刺。刘伟城的左胸脯上

又挨了一枪。

"二，二，二——比零！"小黄的声音都变了个调儿。

这两枪刺得干净、利索，完全出乎刘伟城的意料。他还没来得及想想失利的原因，小个子又冲了上来。他拉开架势，决心和对方决一胜负。哪想到小个子虚晃一枪，不等刘伟城下手，就猛地一拨，刘伟城只觉得手心一麻，左胸前又挨一枪。

"三比零！好哇，强中更有强中手，能人之外有能人！"小黄高兴地喊着。

"精彩！"小魏也喊着，"这是我见到的最精彩、最最精彩的三枪。"

关英奎招呼着他们俩说："来来来！我们研究一下。"

他走近刘伟城，指着左胸说，"大个子，刚才这三枪，都刺中你的左边，这说明……"他话没讲完，小个子已经不见了。

曾武军和同志们一样，也被刚才小个子的熟练枪法吸引住了。

欧阳海回到宿舍，刚刚脱下防护衣帽，曾武军就跟着他进来了。

"欧阳海，你的枪法不错呀！"

"嘿嘿。"欧阳海笑了一声。

"可是像你这样的做法，我们不提倡！"曾武军生气地说，"练习对刺是为了互相学习，共同提高，不是为了比出谁胜谁负就完。刘伟城是谁？是你的同志，是连里派出去的代表！他代表全连，也代表你欧阳海！他有不足的地方，我们就要给他指出来，帮助他进步。

"刘伟城的刺杀技术不如你强。可是对待这样一个还存在某些不足的同志，我们能采取你这样的态度吗？他是代表全连、代表部队去做工作，就是帮助了民兵积极分子代表大会。我认为透过今天这件事，反映了你对'代表'认识还不够正确，你过多地把它看成是一种荣誉了，所以你没有想到应该帮助刘伟城克服他刺杀上的毛病。就算是荣誉，我们革命者也是从来都不去计较它的。我们要比对党的忠诚，比全心全意为人民服务的思想，我们从来不和自己的同志比荣誉。"

欧阳海还从来没见指导员这么激动过，也从来没有受过这么严厉的批评。曾武军的这几句话，使他感到问题很严重，但是一时还理不出个头绪来。

"打开原的那次战斗中，咱们的连长——那时还是个新兵——和另外一个同志缴了一挺重机枪。那时候，缴了重机枪是要立大功的，战斗进行得非常紧张，战斗结束以后，两个人都弄不清那挺重机枪究竟是谁最先缴过来的。领导要给他们记功，他们俩你推过来，我推过去，谁都不愿要这个功。他们为了什么？为了'打到南京去，活捉蒋介石'，为了解放全中国！这对他们来说，比十个'大功'还重要得多。正是为了这个理想，他们才参军、战斗、负伤，伤口还没好利索又继续冲锋、战斗。我们今天呢，全国都解放了，进入到社会主义社会了，伟大的共产主义理想在鼓舞着我们，我们应该比当年的新兵站得更高、看得更远才对啊！"

曾武军见欧阳海把脑袋垂到胸前没有说话，继续讲下去：

"一个同志，既然决心为共产主义事业奋斗到底，那他的一言一行、一举一动，都应该是在这个崇高的理想指导下进行的，都应该无愧于自己向党表示的决心。你再好好想想今天的做法对不对，怎么做才会对工作更有利？"

指导员对他说的每一句话、每一个字，都像一

支支的枪直奔他的心窝而来，使他在痛的同时，也深深意识到自己犯了错误，出了问题："连长说得清清楚楚，让我和刘伟城练练对刺；指导员讲得明明白白，让我干什么都想一想。为什么我刺完了三枪转身就走，为什么我在转身的时候，没有想一想这样做对不对呢？我真是糊涂啊！工作当中有了一丁点成绩，眼光应该看得更远才对。可是我……"欧阳海紧皱着眉头对自己说。

欧阳海正想向指导员作检讨，发现指导员不知什么时候走了。

这时，文书手上拿着一张表格来找指导员，说："上级要干部们填个表，立功受奖这一栏，指导员就是不肯填。听说连长比较了解，我去问连长，连长说记不清了，起码立过五大功，叫我还是问指导员自己；我来问指导员，指导员又干脆躲着不见面！"

欧阳海心里忽地一下，好像全身的血液都涌上了脑门儿，心也跳得更紧了。

他望着文书手上的那张表格，自言自语地说："看样子，指导员就是那个战斗英雄，就是那个缴机枪的好同志！人家见着荣誉不肯要，我，我在做

些什么蠢事啊！"

公鸡叫第三遍了，欧阳海在床上痛苦得睡不着。他回想自己参军这一年多来，走的是一条什么样的路呢？入了团，立了功，当了各种标兵，受了多次嘉奖，自己还以为一直是在一条英雄的大路上向前跑呢，其实，不仅很多地方是原地踏步，有些地方还在后退呀！

想到这里，欧阳海打了个寒战："真怕人哪！毛主席要我们做一个高尚的人，一个纯粹的人，一个有道德的人，一个脱离了低级趣味的人。自己做了些什么呀！他觉得对不起周书记，对不起连长、指导员，也对不起刘伟城同志。他从枕头下抽出一本书来，望着封面上抱着炸药包的董存瑞，思考着：怎么才能当上真正的英雄？怎样才算是真正的英雄？

这些问题，欧阳海不能一下子想明白，但有一条他明白：要把自己所想的一切告诉党，请求党的批评和帮助。

欧阳海迫不及待地坐起身来，借着手电的光亮，满含着羞愧的泪珠，给支部写检讨。

公鸡又叫了两遍，曾武军也还没有睡。他在桌

前一边翻看欧阳海历次的思想小结，一边在想：一个十九岁的年轻战士，要他把问题考虑得那么全面，是不太可能的。有一些争强好胜的思想，也是难免的。何况今天是连长让他去对刺的，他只是没有主动地去帮助刘伟城而已。这么重的批评，对一个入伍才一年多一点的兵来说，是不是过了？他受不受得了？会不会挫伤他那股"虎"劲和积极性，使他今后失去进取的信心呢？

窗外操场上，传来一阵格斗声。曾武军抬头望去：晨光中，有两个人影在对刺。只见小个儿的黑影不时停下来讲解什么，接着，又刺了起来。

尽管天色还暗，看不清是谁，但是曾武军从那一大一小熟悉的身影上感觉到，自己苦恼了一夜的问题，已经基本解决了。

天亮了，曾武军熄了灯，站起身来。他望着操场上那两个对刺的身影，心里有股说不出来的喜悦：一个政治工作者，最首要的责任，莫过于正确地贯彻党的方针、政策，使党的意图在工作中得到体现，最大的愉快，也莫过于看见同志们在党的指引下，不断进步，大步向前。

他慢慢地踱到窗前，迎着晨风，深情地望着那

个虎里虎气的小个子。

望着望着，他情不自禁地说："真是个自觉的好战士啊！"

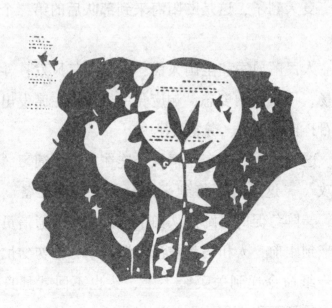

新的任务

夏天到了，这是欧阳海来到部队后的第二个夏天。

人民解放军和全国人民一起，意气风发，斗志昂扬，用战斗的姿态，响应党中央和毛主席发出的号召：自力更生，奋发图强！

这一天，关英奎正率领全连在山头上演习"连进攻"，这是为即将到来的全师合练做准备。突然，一阵急促的马蹄声从山下传来，骑兵通信员已经来到跟前，人和马都被汗水湿透了。他匆匆忙忙把一纸命令递到关英奎手上，头也不回就翻身上马，马蹄声又由近而远。

关英奎拿着命令看了两遍，上边只有简短的几

句话: 停止一切操课、演习, 准备接受紧急任务。

对部队来说, 临时改变计划是家常便饭, 但是这次变化来得太突然了, 上午团里还通知说, 调指导员去政治干校学习以后, 让自己和支委们研究一下, 如何搞好下阶段合练中的政治思想工作呢。现在说变就变, 要求得这样急促, 时间又这么紧迫, 这在关英奎的印象里, 好像只是在战争年代才发生过。他自言自语地说: "一定是发生了什么严重问题了!"

一辆指挥车迎面飞驰而来, 在和部队擦肩相遇的时候, 停住了。

一个头发花白的首长走下车, 关英奎迎了上去, "政委! 我们……"

"关英奎, 不要胡思乱想, 训练嘛, 我们总会有时间搞的。现在不光是你们一个连队, 我们全军都要抽出相当一部分力量, 去完成这次紧急任务。"

"我们要去为一座国防工厂, 铺设一条铁路。这不是一次普通的施工任务, 这是一场新的战斗。告诉同志们, 没有什么了不起, 天是塌不下来的! 我们每一个党员, 每一个革命者, 一定要在新的困

难面前挺直腰杆！"老政委停了停，小声对关英奎说，"因为那座国防工厂，现在要完全靠我们用自己的双手把它建起来。你和同志们要把它当成个战斗任务接下来。"

军政委的这几句话，使关英奎更加明确了任务的重要性，他一步跳上路边的一块大石头，放开他洪钟似的嗓门儿对全连大声喊着：

"集合队伍，跑步前进！"

全连整好了行装。保证书、决心书像雪片似的飞到关英奎手上。欧阳海拿着四班的决心书和他自己的第三次入党申请书来到连部。

"你来得正好。明天有车上医院去，你就跟着去吧。支部希望你能服从治疗，安心休养。"

"连长！"欧阳海叫了起来。

"服从命令听指挥！"关英奎也吼了一声。停了停，他才换一副口气说，"你现在是个老兵，是个班长啦。刚才我们和卫生员一起，把你的情况研究了一下，你的慢性肠炎不能再拖了。先住院去，治好了再来嘛。我们在工地等你。"

欧阳海刚要张口，关英奎拿起一叠材料边走边说：

"我现在忙得很，没有时间跟你磨。你自己想想去。想通了，明早坐车走；想不通，我找人捆也要把你捆到医院去！反正你得住院去。"说完，人已经出了门。

欧阳海摇了摇头，不行，这次紧急任务我一定要参加。再说班里的工作还没搞好，前几天又调来一个新同志，一到情绪就不够稳定；班里又缺个副班长。我要去住院，四班交给谁？欧阳海感到自己离不开四班，他也知道四班需要他。可是连长已经把话都说死了。怎么办呢？

他跑去找卫生员小李，嘴皮都磨薄了，小李说他做不了主；他跑到卫生所找张医生，什么理由都谈了，张医生说，明天去医院的几个同志，由他负责带队。

该找的都找了，该说的话都说了，就像没找没说一样。欧阳海垂头丧气地回到班里来。

欧阳海心里暗暗决定：不能离开四班，一定要想办法到工地去！就是挨批评，受处分，也得参加到这次紧急任务中去。

曾武军从团政治处赶回连队的时候，连里正进行最后一次行装检查。他自己也忙着收拾起来。关

英奎过来问道：

"你在团里听说什么没有？"

"主任只说让部队去修路。"

"那咱们怎么向同志们讲，支部怎么动员呢？"

"上级既然没有具体指示，那就说明有些情况不需要我们知道，向全连动员的时候，就说去修路，为革命修路！"

"情况来得这么突然，任务这么紧，主任说，一切为了这次任务，一切为了国防工厂，让我们在这次考验当中来学习政治。"

傍晚时，天淅淅沥沥地下起雨来，雷声隆隆，闪电不断，豆大的雨点，砸得房顶直响。

接到命令后，部队顶着暴雨，迎着闪电，踏着滚滚雷声出发了。

约莫走了四五个小时，大概是半夜了，一个黑影从后边窜到关英奎跟前来。一道闪电，关英奎看清楚了：身旁走着的是欧阳海。

欧阳海不停地抹着脸上的雨水说："连长，你批评我也行，处分我也行，不管多重的批评、多重的处分我都接受。你只答应我这一回，让我跟着部

队上工地去吧，在这场战斗面前，我，我不能住院去！"

关英奎没有回答。他想：这么大的雨，他到底还是跟来了。让他回去吧，辜负了他一片为国防工厂而战斗的心意；让他跟着走吧，谁知道前边有多大的困难！他带着病能吃得消吗？

"连长，我一定不给部队添麻烦。到了工地，我天天值班看家也行，你实在要我回去，那，那我就服，服从命令……上，上医院去。"

天黑得什么也看不见，可是听声音，欧阳海这几句话是含着眼泪说的。

"老关，我看让他跟着去吧。到了工地，我们再找医生想想办法。"身旁的曾武军小声说。

"到了工地，我再找你算账！"

"是！"欧阳海高兴得一跺脚，他撒腿朝班里跑去。

"小黄！"关英奎朝队伍里喊着，"别行哑巴军，领着大伙唱个歌！"

"我来起个头。"曾武军向路旁跨了一步，朝着行进中的队伍，放开了喉咙：

起来，饥寒交迫的奴隶，

起来，全世界受苦的人！

几十年来，这首无产阶级的战歌，激励过多少为共产主义事业奋斗的战士啊！在冲锋陷阵的时刻，在敌人的屠刀面前，在任何艰难困苦的环境中，它能燃起我们心中的熊熊大火，鼓起我们向旧世界斗争的必胜信心！

这是最后的斗争，

团结起来，到明天。

英特纳雄耐尔就一定要实现！

风还在刮，雨还在下，闪电雷鸣之中，一曲雄壮有力的歌声在和风暴搏斗！

从来就没有什么救世主，

也不靠神仙皇帝。

……

一队雄伟的人流，奔向新的战场；一支高亢的战歌，震撼着夜空，在山间激荡。战士们踏着泥泞急速前进。

一道闪电照亮了欧阳海带着憨笑的面孔，他正注视着前方，信心十足地前进着……

迎接挑战

大雨连续下了两天多才勉强收住，部队蹚过了一条小河，正沿着公路前进。几天来，在大雨和泥泞中急行军，已经使同志们疲惫不堪。肠炎引起的腹泻，消耗了欧阳海的体力，他觉得一步比一步艰难了。

前方，一匹枣红色的战马，迎面飞奔而来，骑兵通信员传来指挥部的指示：各连连长到前边去开会，部队原地休息待命。

同志们不管路边是泥是水，就近找一块地方坐了下去。欧阳海屁股还没沾地，就忙着了解全班同志的情况。有的同志背包完全湿透了，行装的重量足足增加了一倍；更多的同志成了"泡"兵。魏武

跃见班长朝自己走来，连忙把打满了血泡的双脚，藏到雨衣里边去。

欧阳海已经看见小魏这笨手笨脚的掩饰，走上前说：

"小魏，够呛吧！"

"我没啥！参军一年多来，我觉得最轻松、最最轻松的行军就数这一次。你还是多关心点同志们吧。"小魏的脸上，强装出一副不自然的笑容。

欧阳海心里暖烘烘的，他被小魏这极其平凡的表现所感动。多快啊，前些时，他一会儿喜欢看小人书，一会儿喜欢下军棋，是个完全凭兴趣办事的小鬼，现在，也懂得了要克服自身的困难，适应革命的需要，为集体分忧了。脚上打了泡还要继续行军，这本是部队的传统。但是在小魏身上表现出来，却使欧阳海深深感到，在这次困难面前，人人都想拿出最大的力量，来分担国家的重担，谁都是用战斗的姿态，来迎接这次紧急任务的！

欧阳海不声不响地走过去，把小魏的米袋子拿过来扛在自己的肩上。作为班长，能为战友们减轻一点负担，心里也是舒坦的，路还要往前走呢。

欧阳海对战士们说："只要是斗争需要，别说

是脚上打了几个泡，就是两条腿打断了，也要往前爬。这是一门科学——革命的科学。老红军凭着这门科学打胜仗，我们今天，还要凭着这门科学打胜仗！"

欧阳海从挎包里拿出一小块肥皂，递给一个新战士说：

"你快抓紧时间把鞋里的沙子抖一抖，袜底、鞋边上打点肥皂，这是能起作用的。"

前方传来了继续前进的号音，同志们站起来，准备再往前走。关英奎从前边赶了回来，他一面挥手拦住大家，一面喊：

"同志们，我们已经到了，这里就是我们的目的地。"

"到了？"同志们都很诧异。这时才想起来看看周围的环境：两山之间的一块洼地，前无村后无店，四周连一户人家也没有；身旁有一条简便公路，沿着小河伸向山里去。部队难道就在这个光秃秃的地方扎下来？住在哪里呢？

关英奎指了指周围，对曾武军说："老曾，我们就在这里扎下来，要在洼地上垒起一道和小山一样高的路基。时间紧得很，军区刚才又来了指示，

要我们一定争取提前通车！"

部队立即动手砍竹子，割茅草，一个下午就把简单的窝棚搭好了。欧阳海一边干，一边想起周排长他们在老鸦窝搭草棚的情景来。那时候觉得"天兵天将"真了不起，现在自己也成了"天兵天将"。十多年过去了，如今自己也是个班长了，老鸦窝的劳动场景又浮现在眼前。当年，他们为了剿匪；今天，我们为了建设，目的都是一个：要建成社会主义，要高举红旗把革命进行到底。

为革命，为祖国，为人类求解放！这支普普通通的解放军部队，在荒山野地里驻扎下来了。他们——穿上军装的青年工人和贫农下中农的子弟，在这场新的战斗面前，能献出的仅仅是自己的力量和一颗赤诚的红心，能完成的也仅仅是一小段铁路路基，这对全国自力更生、战胜困难来说，对宏伟的社会主义建设来说，是太微小太微小了。可是，对这个连队来说，他们知道担子有多么重，困难有多么大。

工作还没开始，困难就先到了。

垫路基以前，要把沟里、田里的稀泥松土挖走，然后才能铺上石头。可是只运到了一部分工

具，挖泥用的铁锹不够分配。司务长望着一小堆工具发愁。他对前来领工具的班长们说，每班只有两把锹，叫大家克服困难先干着。欧阳海扛起最后两把锹往回走的时候，一班长刘伟城才赶来。

"属虎的，在哪儿领工具？"

"工具？"欧阳海知道铁锹已经没有了，说，"大个子，你跑哪儿玩去了，这时候才来！我正准备给你送去呢。"说着，把自己的铁锹递给了刘伟城。

"那就谢谢啦！"刘伟城扛起铁锹就走了。

欧阳海只拿着两把使不上劲的十字镐回到班里来。他把几个骨干分子找来，交代了情况，研究了干法。过不一会儿，他拿来了脸盆、饭钵、茶缸、同志们就用它在稀泥里挖着。

这样，速度还是慢。欧阳海一下跳到水田里，用自己的双手，靠那十个手指头在泥里刨起来。刨呀，刨呀！

这双拿过打狗棍的手，这双砍过柴、烧过炭、握过锄头、长满了厚茧而又年轻的手，在祖国需要的时候，再一次深深地插到泥里，它一把土、一捧水地挖着！

手泡肿了，还在坚持着。就这样一捧又一捧、一盆又一盆、一担又一担地挖走了一层层泥土，为了坚持真理，为了革命坚持着。

"高举革命红旗，干哪！"欧阳海的一声呼喊，变成了全工地的口号。四班在喊着，全连在喊着，整个工地都在喊着。

工间休息的时候，刘伟城到四班的工地取经来了。他发现欧阳海正用两只手在泥里刨着，再一看，整个四班连一把铁锹也没有。他这才明白过来，忙把欧阳海拉到一边，把手里的铁锹塞到他手上："四班长，我们两个班可是挑了战的。这样，我们就算是比赢了，心里也不好受呀！"

"大个子，你想到哪儿去了？"欧阳海生气地把铁锹又扔给刘伟城，"反正都一样，我们班不用手刨，你们班也得用手来刨，关键的关键是工具不够嘛。听司务长说，过两天，大批的工具就运来了。"

刘伟城激动得一个劲儿地点头，他紧紧握着欧阳海的双手，半天没有放开。

收工时，欧阳海发现他们有一段土没挖干净，他饭也没顾得吃，急忙来到连部，向连长、指导员

详详细细地汇报了。最后说：

"明天我们一定利用休息时间返工，把这一段补上。"关英奎指着统计表问："那今天的评比怎么评呢？"

"给我们的进度画个零，这样，既教育了我们，又警惕了大家。"

"刘伟城他们完成了三十多立方。你们一班、四班是挑了战的啊！"曾武军笑着说。

"指导员，这个事该什么是什么，干革命工作要老老实实，实事求是，不能为了图虚名。"

看见欧阳海那严肃认真的样子，曾武军摸着胡子满意地笑了。

欧阳海已经不再把个人、小单位的荣誉放在第一位了，他从里到外通明透亮，变得更加纯粹了。这是一个新的起点。正像一只小船，几经曲折，冲出滩多水急的峡谷，来到宽阔的大海上。

现在，他可以扬帆远航了。

宝贵的入党礼物

路基已经修起十几米高了。战士们站在这一寸一寸垒起来的路基上，望着前边小河里浑浊的激流和头顶上翻卷而来的乌云在担心：该不会发生什么事吧！

下午4点钟，天色就开始发暗，眼前的景物变得模糊不清，部队赶紧收工回家。不到5点钟，天就完全黑了下来。

小河边上，有座临时搭起来的器材仓库，里边装着刚从船上卸下来的器材和仪表，还没来得及往工厂运。支部紧急动员全连的同志赶到那里，用草席、雨布把仓库堵得严严实实的，又新打了些木桩，用背包带和绳子，把房子的四角死死拴住。等

一切干完，已经是夜间11点了。

风好像停下来了，远处不断地传来雷鸣；银色的闪电，时时照亮夜空。欧阳海躺在床上，不时望望窗外，带着担心进入梦中。

后半夜，雨下起来了，雨声连成一片，天像裂开了无数道口子，暴雨汇成瀑布似的水柱，朝大地倾来。人们从梦中惊醒的时候，窝棚里已经积了一尺多深的水，鞋也不知道漂到哪里去了。紧接着，一声巨响，耳边传来万马奔腾似的水涛声：山洪暴发了！河水猛涨，路基也被冲塌。战士们在水里搏斗着，看不见，听不清，水声、雨声和雷声搅成一片……

欧阳海站在水里，把漂浮着的被子、蚊帐，用绳子拴住，天黑得什么也看不见，他抓住什么算什么，一心只想尽量让国家财产少受点损失。忽然，他隐隐约约听见远处有呼喊声，他急忙丢掉手中的衣物赶到门边。听清楚了，是指导员的声音。他正在河边上喊着，喊声夹在雷雨声中断续传来：

"……共产党员、共青团员们……器材仓库……共产党员们……"

"器材仓库？糟了！"欧阳海涉着深水，迎着

喊声，朝仓库摸去。

倾盆而下的大雨使河水暴涨，大水漫过了堤岸，仓库正处在山洪暴发形成的激流之中，屋架经不住洪水的冲击，已经开始倾斜了，木桩有的被大水拔了起来，绳子已经挣断，咆哮着的洪水，正不停地向它冲击着，只要再晚一会儿，只要再来一股大浪，所有的器材连同整个仓库，都将被冲走。

情况十分危急！欧阳海拼尽全力，朝窝棚的方向喊着：

"同志们！仓库危险啦！"

关英奎闻声带领同志们赶来。他们拥进仓库，扛起装着仪器的木箱朝门外走去。大水冲得他们东倒西歪，站立不稳，他们涉着深水，艰难地、一步一步艰难地向高地缓缓地挪动着。

水还在继续上涨，仓库倾斜得更厉害了，房架已经发出嘎吱嘎吱即将断裂的声音。

"同志们，这样太慢了！我们赶快排成队，把仪器一箱一箱地传出去！"曾武军大声喊着，"我算排头的第一名。跟着我，用胳臂组成一条传送带！快，快！"

欧阳海往指导员身旁一靠，大声地应着：

"我排第二个！"

"我第三！"

"我第四……"

队伍排成一字长龙，一箱箱的器材、仪表，从一双手递到另一双手上，木箱飞快地往安全地带传送着。

欧阳海不时被大浪打得左右摇晃，他恨不能在脚上钉上两颗钉。

几十个战友在洪水的冲击下坚持着，这几十双手臂拉成的一条线，是任何力量也冲不断的。

这条手臂组成的传送带，不是搬砖递瓦，而是在搬运几十斤重一个的仪器箱；加上洪水的冲击，人人都感到有些支持不住了。不用谁说，通过这一送一接的动作，大家都能相互感觉出来。速度明显地慢了下来。曾武军负过伤的右臂疼得钻心，好像再次断裂了一样。他知道快要挺不住了。为了鼓舞大家也鼓舞自己，他喊着：

"同志们，咱们唱个歌吧！"

"好！"小黄领着大家唱了一个又一个。可是唱着唱着，传送的速度又逐渐慢了下来。

"同志们！"曾武军喊，"决不能让国家财产

遭受损失，要拼尽最后一把力气加快传送速度！来！我们唱个《人民解放军进行曲》。"他放开喉咙为同志们起了个头。

同志们齐声歌唱着。在一片漆黑的雨夜里，在浪涛滚滚的激流中，这支雄壮的歌曲，鼓起了同志们和大自然搏斗的勇气和信心。仪器随着歌声的节拍，飞快地传送到安全地带。

眼看木箱就要搬光了。忽然，远处传来了哗哗的水涛声—— 一股更大的洪峰，带着呼啸狂奔而来。

排在最外边的关英奎一听这声知道不好，连忙大声喊着：

"同志们，赶紧手拉着手，撤！"

随着关英奎的这声呼喊，刘伟城一把捏住了欧阳海的左手，欧阳海感到伸过来的手是这样有力，可是当他伸出右手去抓指导员时，只觉得那边空荡荡的，指导员已经不在了。

"同志们，快冲出去！"仓库里传来一声叱咤风云的喊叫。

一道闪电，把眼前的景物照得分外清晰：共产党员曾武军用他负过伤的手臂，用他整个身子，全

力支起就要倾倒下来的房架，仓库里的几个同志刚刚冲出门，伸手去拉曾武军时，一股大浪从人们头上漫了过去……

闪电的余光消逝了，整个仓库和曾武军那高大魁伟的身影不见了……

"指导员！……"欧阳海在风浪中喊着。

"指导员！……"同志们喊着。

"指导员！"欧阳海吃力地呼唤着。可是耳边除了风声、雨声、奔腾呼啸的浪涛声之外，听不见曾武军叱咤风云的呼喊，也听不见那慢声细语的回答。

大家艰难地围拢过来，无数双手从房架底下抬起昏迷不醒的曾武军。一分钟也不能拖延，必须马上抢救。

天亮的时候，雨停了，水也退了。路基被山洪冲开了一道三十多米宽的豁口，整个仓库都被大浪卷走，但是器材基本上都抢救了出来。除了指导员，抢救器材的同志都安全脱险了。

曾武军躺在床上，还处在昏迷中。

欧阳海领着全班去寻找被冲走的衣物，他回到住地时，只见连部门口围满了人，有医生、护士，

团的首长也来了。从人们脸上可以看出，曾武军的伤势很重。一个医生从屋里走出来，小声对团长说："右臂折断，内脏也受伤了，现在开始大口吐血，估计是肺动脉破裂了。"

欧阳海觉得一股凉气从背后袭来，浑身发冷。他使劲地拧着手上的军帽，嘴里喃喃地喊着："指导员，指导员！……"

经过一阵抢救，曾武军勉强止住了吐血。团首长和医院联系上了，很快就派救护车来。为了让曾武军安静一会儿，人们都渐渐散去。

天又黑下来了。欧阳海吃不下饭，焦急地等在连部门口。

关英奎焦急地来回踱着步，他心里在想：这些年来，老曾一直是支部的一面旗帜。那年负伤以后，他凭着一颗红心和那只左手，照样在战场上冲、杀、拼、砍、抓俘虏；改行搞政治工作以来，他模范带头、事事走在前边，把整个支部团结得像一个人一样。记得他常说："这世界上还在受苦的人太多了！一定要革命，一定要更快地把共产主义革命推向胜利！"十多年了，自己一直为身边能有这样一个好战友、好同志而感到庆幸。这次抢救器

材中，他又为全连做出了榜样。只是今后恐怕再也不能和他在一起工作、战斗了……想到这，关英奎叹了口气，急忙背转身去。

曾武军的呼吸越来越急促了，曾武军极力控制住自己。

一阵激动，使欧阳海控制不住自己的感情，他在门口轻声地哭了起来。

"是欧阳海吗？进来！"曾武军在屋里说。

欧阳海轻轻推开门走了进去，他流着眼泪，道出了全连战士的心意：

"指导员，我们在工地等着你！"

远处传来了汽车喇叭声，关英奎起身迎了过去。

曾武军吃力地用左手从枕头底下拿出一份入党志愿书，眼睛里闪出异常兴奋的光彩。他说：

"欧阳海，党委已经批下来了，让我正式通知你：党接受你为中共预备党员。预备期一年，从支部大会通过的那天算起。现在，你可以正式参加组织生活了。"

"指导员，……"欧阳海庄严地举起了右手，"曾武军同志，共产党员欧阳海向党保证：只要我还活着，我就竭尽全力为人民服务；只要我不死，我就为党的事业战斗终身！"

听声音，汽车已经在门口停下来了，曾武军说：

"支部本来派我找你谈一次话的，现在已经没有时间了。记住，一个党员每时每刻都应该是这样：活着，为了党的事业战斗；死，为了党的事业献身。我们这个时代充满了尖锐复杂的斗争，斗争需要我们这样。我们的前辈们，整整战斗了一生。我们这一辈，我们的下一辈，下十辈，还要继续斗争下去。什么'个人幸福'、'物质享受'，不是我们所要考虑的。一个党员，不能光看自己，要眼观全国、胸怀世界。无产阶级的解放事业，需要千千万万个这样的人。只有有了这样的抱负，才能称他为共产党员，他们才能成为全人类的希望。"

欧阳海目不转睛地望着支部书记，好像把这些话都一字一句地刻在自己的心上了。

曾武军欠起身子，指着桌上的书说：

"这三本《毛泽东选集》，作为我祝贺你入党的礼物，支部要跟你谈的话都在上边。欧阳海，一定要好好学习毛主席著作。它会拨亮你的眼睛，让

你认清世界。按照毛主席教导的那样去工作、战斗！"

欧阳海双手捧起指导员送的《毛泽东选集》，深情地望着封面上五个金色的大字。曾武军接着说："一个同志，只要他时时不忘毛主席的教导，处处为党的利益着想，勤勤恳恳为人民服务，经常把世界上被压迫人民的苦难放在心上，并且说得到、做得到，那他就是今天的战斗英雄。我们学习董存瑞，不能只看到他立过多少次功，得过多少个奖章，首先是学他为了共产主义事业敢于粉身碎骨的思想。长征战士张思德，不声不响地为党工作着。尽管他是由于塌窑而牺牲的，党同样认为他的死比泰山还重。因为一个革命者身上最可贵的东西，是他全心全意为人民服务的品质。欧阳海，如何正确地看待董存瑞和张思德，是你目前关键的关键。"

关英奎和护士们走进来，小心翼翼地把曾武军抬上了救护车。车上还响着曾武军稳重有力的声音：

"老关，冲垮的路基得赶快垒起来！完工的日期一定要提前啊！"

汽车开走了。欧阳海捧着指导员留下来的《毛泽东选集》，望着远去的汽车，思潮像大海里奔腾的波涛，翻滚不停。

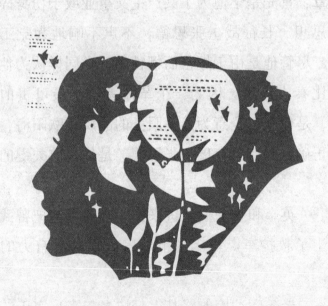

又一次立功

两山之间的洼地变了模样：一道高大笔直的路基，巍然矗立，两条乌黑发亮的铁轨伸向远方，通车的日子临近了。

欧阳海独自一人在铁路上走着。他不时停下步来，用手摸摸铁轨的衔接处，不时又跳到铁轨旁的泥地上使劲踹几脚，他害怕路基不结实。难怪他呀，用自己的双手和肩膀垒起来的铁路上，就要通车了，成千成万吨的物资、器材，将要通过它，运到我们自力更生修建的国防工厂里去，他怎能不兴奋又担心呢！

"班长，连长找你好半天了。"小魏跑到跟前来说。

"什么事？"

"不知道。好像说要找你算账。"

欧阳海明白了，他想起出发的那天晚上，连长说过："到了地方我再找你算账！"来到工地以后，尽管医生一直不停地在给他治病，领导又一再强迫他休息，可他却没能很好地服从组织的照顾。现在，几个月拖过去了，"账"也真该"算"了，他急忙跑了回来。

关英奎让欧阳海收拾东西，准备住院去。

欧阳海这次没有反对。

"不错，有进步。"关英奎满意地笑了笑，"我替你提个要求吧：等参加了通车典礼再去住院。怎么样？"

欧阳海兴奋地问："真的呀，太好了！"

第二天一早，部队来到铁路边上，俱乐部的彩旗打出来了，锣鼓也搬来了。团里还组织人连夜搭起一个松柏彩门，两边写着一副对联：

自力更生奋发图强两根钢骨铺天下

高举红旗永世革命一片丹心为人民

横批是四个大字：骨硬心红

锣鼓敲了一遍又一遍，火车正式通车了！

关英奎拉着欧阳海的手，停了好半天，慢吞吞地说，"你到了医院，打听一下……指导员，到底还能不能再回到连里来。"

曾武军送走两个多月了，全连都在惦记着他。据主治医生讲，曾武军需要长期休养，治好以后，也不能回部队工作了，至少是不能再回到连队里来。因为他的健康情况已经无法适应连队的紧张生活。可是同志们都不甘心，都盼着指导员早一天出院，早一天回到连里来。

关英奎换了个话题，很明显是为了要冲淡刚才的气氛，"支部决定给你记一次三等功，给你们突击组评了个集体三等功。营党委已经批下来了，过两天就正式宣布。"

"连长！"欧阳海一下站了起来，"我……"

"喜报发下来，我替你邮回家去。"

"不！连长，别寄了。"

欧阳海入伍还不到两年，就连续立了三次功。头两次他是那样的高兴，觉得自己很不错，离"战斗英雄"不那么遥远了，这次立功，却使他心里忐忑不安。他在问自己：我究竟做了些什么了不起的工作，值得党一次又一次地把这么大的荣誉给我

呢？和指导员、连长及其他干部当然不能比，就拿周围的同志来说，不管是小魏、大个子，还是其他的战友们，谁都是拼尽全力去完成任务。在紧张的施工中，人人都怨自己只生了一双胳膊、一双腿，不能为革命挑更重的担子。

一条铁路修成了，这是多少人的劳动、多少人的汗水的结晶啊！自己只不过和大家一样，担了几筐土，垒了几方石。光凭自己，就连半根铁轨也铺不成。用一个党员的标准来衡量，哪一条都还需要自己继续努力。

欧阳海深深地感到：立功，不是在胸前挂上一朵红花，而是在肩上挑起一副重担；不是让你拿着红花站着不动，而是要求你挑起重担往前跑。因为人民给你的荣誉，就是对你的鞭策，对你提出更大的期望。

关英奎见他低着头在想什么，深沉地说："欧阳海，火车头是了不起的，但是它甩掉了车厢，单独往前跑，就没有多大用处了。一个党员，一个班长，最首要的任务就是把群众带动起来。"

欧阳海明白了连长的意思，默默地点着头。

这时，长长的列车，缓缓地开过来了，司机从

车窗里探出头来，紧张地注视着路面。他的神情立刻感染给所有在场的同志，大家都静下来，连气也不敢大喘了。火车将从大家亲手垒起来的路基上开过去，就像从自己肩膀上驶过一样，它能不能经受住火车巨大的压力呢？

火车缓慢而又平稳地开过去了，战士们从心底爆发出一阵欢笑，劳动的成果已经在为社会主义服务了，这是革命者最大的快乐。

欧阳海看见车上装满各式各样的大木箱，上边清晰地印着方方正正的汉字：

北京机器制造厂

沈阳机械厂

上海仪器厂

……

欧阳海跟大家一起，兴奋得不知道喊了些什么。

火车加快了速度，朝着新建的国防工厂飞奔而去。欧阳海周身的血液，也随着列车的节奏奔腾起来。他在想：共产党员就应该是个"火车头"，只有这样，共产主义的理想才能早日实现。我得争取早点出院，快点回来，缺点等着我去改正，任务等

着我去完成！

前进的动力

欧阳海精神焕发地从医院回到连队，由于连里缺人手，领导决定由欧阳海担任三排的副排长，新的任务等待着他。

欧阳海和衣在床上靠了一会儿就爬起来了。等同志们起床的时候，饭菜已经做好，而且还给每人烙了两张饼，作为中午的干粮。大家匆匆忙忙吃完饭，拿起麻袋就往外走。

战士高翼中坐在打好的背包上没动，看样子是有情绪。

欧阳海故意装着不知道，心里早有了主意：我要想方设法把你"新的方面"调动起来，一定要让你的"主流"起作用。同志们都走了，他拿起两条

麻袋说：

"走，我带你上山玩玩去。"

绿油油的茶树漫山遍野，一棵挨着一棵。树上已经没有什么茶苞了，偶尔有几颗炸裂出来的茶籽散落在地上。

欧阳海领着高翼中像是无目的地走着，见了茶籽他也没弯腰，两个人真的在山上闲逛起来。高翼中无精打采地跟着他，觉得这山上没啥好玩的。小高的心情欧阳海已经感觉出来了。突然，欧阳海朝一棵大树跑去，他脱掉胶鞋几下就上了树顶，不一会儿，手里捧着个鸟窝跑了回来。

"这是什么？"高翼中指着几个带麻点的蛋问道。

"四喜蛋。"欧阳海说。

"四喜？"高翼中第一次听说这个名儿。

"我们村里都这么叫，学名叫……叫什么'知时鸟'，就像小喜鹊那样。公四喜特别喜欢打架，叫得也好听。"欧阳海还学了两声。

高翼中觉得并不好听，他应付地说："我没见过，我在武汉只看见过乌鸦、麻雀、老鹰、燕子，别的都是在动物园里看见的。"

"我们山里才多呢！"欧阳海和他边走边谈，"听说有的地方，财主们拿四喜来斗架，还输田输地呢！"

"是吗？"高翼中来了点兴趣。"

欧阳海领着他来到一个陡坡边上继续讲："小时候我抓两只四喜，想喂大了看它们打架。好不容易等它们长大了，我一放出来呀……"

"飞了？"

"没有，它们不肯打。"

"为什么呢？"

"一个是公的，一个是母的嘛！"

欧阳海这几句话，逗得高翼中像个孩子似的哈哈大笑起来。正好陡坡下边的茶树根上，铺满了炸裂开来的茶籽，欧阳海跳下陡坎，不声不响地捡起来。他跪着双腿，用两只手去捡，一会儿钻进刺丛，一会儿又从刺丛里爬出来，很快就提着小半麻袋茶籽回来了。

"小高，你看看这个，"欧阳海从口袋里又掏出四个鸟蛋来，"这叫'黄豆雀'。放在火塘旁边孵三七二十一天，小鸟就出来了。光吃虫子，不吃粮食。小时候我喂过两只。"

　　高翼中没好意思再问"黄豆雀"的事。他接过茶籽掂掂分量，说："你真行，你随随便便来几下子就够我忙一整天的了。"

　　"这有什么！"欧阳海不屑地说，"敲锣卖糖，各干一行。我从小就干这个，惯了。什么事情都一样，好比你拿起书来就能读，叫我就不行。"

　　"会认几个字有什么用！"

　　"用处太大了！多读书多懂道理，进步就更快些。"欧阳海拿出一本《毛泽东著作选读》说，"可是我连这上边的好些字都认不得。不读主席的书，怎么进步，怎么提高呢？小高，你教我认认字吧！"

　　其实，书上那些难字，欧阳海早就查过字典了，但他还是聚精会神地跟高翼中又认了一遍。

　　"唉！光会认也不行啊！"欧阳海感叹着，"毛主席有些文章，我还理解得不深、不透呢。小高，你当我的小教员吧，每天晚上给我讲一课。来，你先坐这儿休息休息，顺便看看这些文章，今天晚上就开始给我上课。我再到那边去捡点茶籽去。"

　　"讲什么？"高翼中问。

　　"什么都行。《为人民服务》《愚公移山》《纪念白求恩》……都可以。学生听老师的嘛！"

　　"好吧。"高翼中接过书无可奈何地说。心想：今天是回不去了，明天再说吧。

　　欧阳海说着，纵身跳下一个陡壁，消逝在刺窝杂草之中。

　　高翼中眼望欧阳海的背影在陡壁下迅速地消逝了，心里想：他怎么一天到晚都是高高兴兴的呢？他都想了些什么？未必他就没有苦恼？一连三个问题，使高翼中觉得他不能理解这种人。"也许是没有文化，又不爱用脑子，当然想的问题不多，苦恼也就少了。"他对自己给欧阳海下的这个结论相当满意。

　　忽然，坡下传来窸窸窣窣的声音，是小魏和另外几个同志在下边。高翼中急忙把身子紧贴在树后，唯恐被他们发现。那几个同志也怪，恰好在他身边不远的地方捡起茶籽来。有的说："今天完成50斤够呛！"有的讲："那我们再学学《愚公移山》，今天，说什么也要超过副排长！""不行，要和他比，咱们不是对手。""为什么不行？人的因素第一嘛！"

高翼中听见这些议论，恨不能把头钻到地里去。过了一会儿，小魏他们走了，他才敢把身子弹出来。"对！人的因素第一。今天反正是回不去了，我多少捡几颗吧。"想着，他就在左边的树下捡起来。

一粒一粒的茶籽散落在地上，要想捡上几十斤也确实不容易。高翼中捡了半天，一看还不够欧阳海刚才捡的十分之一，信心又从他脑子里溜走了。他拍了拍手上的泥，回到草地上躺下，顺手拿起《毛泽东著作选读》来看着。

太阳照在山坡上，草地里蒸发出一股特别醉人的泥土味。高翼中默诵着今晚要讲的课："《愚公移山》，全篇共分六大段，文章结构严谨，文字通俗易懂，中心意思是……是……"一阵困意袭来，他躺在草地上睡着了。

云彩在天上飘动，地球在不停地旋转。高翼中醒来时已经是中午时分了。他发现身上盖了件棉衣，欧阳海正在一旁用枯树枝生起一小堆火，四块饼在火上烤着。

高翼中发现欧阳海身旁放着鼓鼓的一袋茶籽，不觉脸上羞得通红。心里想：他是受苦人出身，我

也是受苦人；他长着一双手，我也有一双手；虽然他参军比我早一些，可我也是自愿到部队来的，为什么我就不能向他看齐呢？晚上……老天爷！晚上我还要给他讲课，我连文章的中心意思都还不明白，到时候怎么给他讲呢？

欧阳海递过来两张饼说："你大概早就饿了吧！"

高翼中觉得自己不配吃这顿中午饭，可是手已经伸出去了，他接过饼子低头吃着，挺香的油饼他吃不出味道。心里在想：今天那顿晚饭，我怎么回去吃哟！

"小高，"欧阳海三两口把饼子咽下去了，说，"我把这袋茶籽先送回去，你再休息下，等我回来领你到那边山上玩玩去。"

"不！副排长，"高翼中连忙拉住了他，"我想，我想今天反正是回不去了，干脆我跟你一起去捡点茶籽把！

"那太好了！"欧阳海把麻袋扔到地上说，"走，我俩组织个'互助组'，今晚跟他们好好比一比！"

天黑下来了，大家都扛着茶籽回来了！欧阳海

扛着一麻袋茶籽，小高跟在他后面。

吃罢晚饭开始评比，小魏信心十足地坐在一边。

"嗬！55。"

小魏兴奋得脸上红彤彤的，摇晃着脑袋唱了起来："说得到，做得到，全心全意为了人民立功劳。"

"看看我们的，我俩组成互助组了！"欧阳海说着，跑出门又扛了一袋回来，"称吧，这是我和小高俩人的。"

小魏见欧阳海又扛了一袋回来，已经吃惊不小，再一听说高翼中也捡了茶籽，就更傻了。

称的结果，"互助组"一共112斤，平均每人56斤。

大概是半夜了，高翼中躺在床上，把欧阳海要他讲的那三篇文章想了一遍又一遍，觉得自己实在无从讲起。他欠起身子，看见欧阳海还俯在桌上写什么。

高翼中披上衣服走了过来，看见桌上有一大堆小学生的练习本。他问："你在改算术作业？"

"对门老师有些作业没改完，明天又等着要

发。……我在家当过两天记工员，想学着改一改。"

"副排长！……"

"你不知道啊，我们山里穷得很，小时候我盼哪盼哪，一直没有上成学，直到现在我路过学校门口还总是想进去看看。我帮着改改作业，不就像我自己坐在课堂上学算术一样吗！"

"你……你就真的不累呀！"

"累当然还是有一些的。可是像我这样的人，大事干不了，小事就应该想法多干一点。眼前的事，不管大小都是革命工作。捡茶籽是助民劳动，改作业也是关心小朋友的一番心意。曾指导员说过，活着就是为了干革命嘛！干革命哪有不累的呢？只要多想工作少想自己，那这点累也当不得什么了。"

毛主席说一个人能力有大小，只要他毫无自私自利之心，就能成为一个有益于人民的人。班长和班里的其他同志不都在朝着这个方向努力吗？想到这个，高翼中说：

"副排长，那三篇文章当中，你只是有个别的字不认识；我呢，连一句话也没有弄懂。我……我

没法给你讲毛主席的著作，你还是让我来改几本作业算了。”

"你早点休息吧，明天我们这个互助组还要保持荣誉，继续争个'上游'呢！"

欧阳海每改完一本，就在后边端端正正地写上：做毛主席的好孩子，天天向上。

看着欧阳海的这几个字，高翼中感到自己的脸在发烧。他只上过一年半夜校，我整整读了十年书。满以为自己这个高中生懂得多、会得多，拿着那点科学常识到处卖弄，对这个不满意，对那个看不惯。其实那点书本知识有什么了不起的呢？……我还以为他没有文化，不会动脑子，所以没有理想也没有苦恼。其实，他把什么工作都和革命事业联系在一起了。就为这个，他少睡觉，多干活儿，辛辛苦苦捡来的茶籽分给我一半……我算个什么受苦人出身，算个什么革命战士？

高翼中看着、想着，眼泪涌了出来，他心里在说：我怎么能给欧阳海讲《愚公移山》？是他把我这座"山"搬倒了；我怎么能给他讲《为人民服务》？是他的具体行动告诉了我什么是为人民服务；我怎么能给他讲《纪念白求恩》？是他毫不利

己专门利人的精神感动了我；我怎么能当他的小教员？是他在教我应该怎样去读毛主席的书啊！是他，督促我看完了这三篇文章，才使我懂得，为什么要学习毛主席著作，一个人怎样才能进步……

高翼中擦着眼泪，使劲地给了自己一拳，说：

"副排长，你当我的小教员吧！白天，教我做饭、拣茶籽；晚上，领着我读毛主席的书。我要一切一切都从头学起。"

欧阳海深情地望着他，心里说：好啊！有了这个决心，再坚持下去，不光能学会做饭、捡茶籽，连太行、王屋两座大山也可以用肩膀扛走的！

十天后，营里来人把一包一包的茶籽给公社送去，他们完成了预定的指标，还超额一千多斤。欧阳海领着六个战友，满面红光，唱着歌儿返回营地。

他背包还没放下就来到连部，向支部书记关英奎汇报了这些天的工作情况，特别提到高翼中的进步。

关英奎满意地望着欧阳海：不错，这个小"火车头"拉着整个列车，安全到达了目的地了。

关英奎知道欧阳海是不会讲自己的事迹的。他

想找几个同志来问问。但看见欧阳海深深凹进去的眼窝和满是伤痕的双手时，他打消了再去问问的念头。光看他的眼睛就知道，他操了多少心，只睡过多少觉；光看他这双手就能知道，那几千斤茶籽是怎样一粒一粒地捡回来的。

欧阳海回排里去了。关英奎还在想：这个季节去捡茶籽，还超额完成了任务，真得费把力气呢！欧阳海的这股劲头是哪儿来的呢？……他无意间打开了欧阳海遗忘在桌上的挎包。挎包里有几本卷了角的毛主席著作，上边还带着一股煤油味道。

关英奎拿着那几本《毛泽东选集》，心里边亮亮堂堂的，觉得一切都不必再问，一切他都明白了：

"火车头"在向前飞奔，我们部队，我们整个祖国都在向一个新的高度飞跃。那移山填海的社会主义建设，摸爬滚打的练兵高潮……都需要物质力量、精神力量。而无穷无尽的力量的源泉就在这里，就在伟大的毛泽东思想之中！

回到家乡

山清水秀的春陵河两岸，田里冒出一抹淡绿；布谷声声，水车悠扬的声音在田间飘荡：插秧的季节到了。桂阳山区的人民连续遭受了三年天灾，还是信心十足地在和老天搏斗，向大地要粮。县委书记、机关干部、公社的领导同志都挽起裤腿来到田里，和社员们一道弯背插起秧来。

水田里映出一个矫健的战士身影，正飞快地向凤凰村走去，超期服役的五好战士欧阳海返乡探亲来了。

多么面熟的山，多么面熟的水啊，多么面熟的一草一木又都出现在欧阳海眼前。拐过前边那个坳子就是莲溪镇，再爬15里山路就到家了。一想到

家，他不由得加快了脚步……

莲溪镇周围那些稀稀疏疏的秧田，已经由黄转青；绿油油的秧苗密密麻麻，把田里的水都遮得看不见了。

在通往公社的路上，欧阳海边走边看，心里乐开了花，熬过了三个灾年，今年的秋收有指望。

上了公路，前边不远就是公社了。欧阳海想，该有多少事情要向周书记汇报啊！这几年在部队的情况，今后的努力方向，还要请老排长指点指点；另外，凤凰村生产队的问题，也要向书记详细谈谈。还有……他刚想到这里，突然身后有谁给了他一巴掌。

"欧阳海，干吗去？"

欧阳海一回头，发现是周虎山站在身后。

"周书记，我正来找你！"

周虎山认真地说："我正要派人去找你。知道吗？有情况！"

"情况！"就像当年在太平山抓吴崽子时一样，一听到这两个字，欧阳海忽地一下停住了脚，手也下意识地在身上摸了摸，好像要找家伙似的。

"我马上要赶到县委去开会。走，我们车上

谈。"

县委派来的小车飞快地朝城里奔去。没等欧阳海开口汇报，周虎山就抢先说道：

"凤凰村生产队的情况，傅承财和他女儿的问题，我都了解过了。昨天，他们大队的支书来说，傅承财出工很积极，春芝也劳动得很好。欧阳海，你做得很对，起了作用，应该这样。"

周虎山话题一转，非常严肃地说："要打仗了！刚刚接到县委的紧急通知，让所有探家休假的军人立即返回部队。蒋介石在美帝国主义的唆使下，侵犯我们的东南沿海。"

欧阳海紧紧握着书记的手叫着："我等了四年了，以为仗都让你们老革命们打光了，自己再也打不上了呢！哪晓得蒋光头自己送上门来了。"

"怎么样，这回该满意了吧！"

欧阳海的眼睛里迸出两道兴奋的光彩，不知道该说什么才好。

周虎山继续说："你回去以后打听一下，要是有让转业的同志归队的信儿，你赶快告诉我一声。"

"做什么事？"

"打仗去嘛！"周虎山有神的眼睛忽闪了几下，"有十年没听见炮声了。"

"哦！你也想打仗啊！"

"怎么？就许你想不许我想？"

欧阳海挪过身子，装出副一本正经的语调说："打仗去，你这公社书记的担子交给谁？那年我要参军的时候，你是怎么对我说的？农业是基础，会计工作也很重要……今天轮到你自己想打仗，这些道理就变了？"

"不错呀，欧阳海，看来这四年兵没有白当，如今你也懂得全面地考虑问题了。我们在后边也闲不着，县委让我们把基层民兵的训练计划提前完成，一旦打起来了，要求和正规部队一样：打不垮，拖不烂，攻必克，守必固！"

公路两旁绿油油的秧田飞快地从眼前掠过，欧阳海在盘算他的立功计划。

车到县城，迎面碰上县委书记。县委书记拍了拍欧阳海的肩膀，说："我们全县的人民都在等你的好消息。你快赶回到部队，对所有桂阳县的战士们说，家乡的人民希望你们好好地打，狠狠地打！来多少就消灭多少，一个也别让他活着回去！"

　　欧阳海向县委书记敬了礼，转身要走。周虎山抢上一步紧紧握着他的手说：

　　"欧阳海，可要为人民多立功啊！"说着他从提兜里拿出一本红色封面的书来，"这本《红岩》我刚看完，送给你吧。它会告诉你，一个共产党员应该怎样生活，怎样为人民而战斗。"

　　就这样，欧阳海离开了家乡，离开了亲人，他带着乡亲们的嘱托和期望返回了部队。

新的考验

知道了"紧急准备"的消息后，一路上，欧阳海只有一个念头：赶快回到连队，和同志们一起奔赴东南沿海去参加战斗。

盼了多少年了，想打仗，向往着激烈的战斗生活，现在多年的向往已经来到身边；做过多少次战斗的梦啊，如今战斗就在眼前。列车，你再跑快点吧！人民解放军严阵以待，箭上弦，刀出鞘，冲锋号就要吹响了。

连队正处在紧张的战备状态，大大小小的动员会，一级一级地召开，红红绿绿的标语，贴满营房；决心书、请战书和保证书……深夜，还有人在操场上练手榴弹。这一切，都是为了更好地保卫祖

国，保卫我们的社会主义建设。为人民立功的时刻已经到来，一个个摩拳擦掌。劲头十足。

可是，等待着欧阳海的，却是一个考验，一个完全出乎他意料的决定。

上级决定：调欧阳海去担任一营通信班班长。

刚接到通知的时候，欧阳海还没有完全明白过来，经大家一议论，他才懂得了"通信班长"的意思：好不容易等来一个打仗的机会，好不容易盼来一个真刀真枪拼杀的时刻，自己又要往后靠——离开连队上营部去了。等上了战场，人家冲锋的时候，自己只能站在一旁打信号弹；人家打机枪，自己摇电话；同志们抓俘虏、缴机枪的时候，自己收电线。等最后战斗结束了，同志们都为人民立了功，自己空着手连个胡子兵都没抓着……想着想着，欧阳海脑子里嗡嗡乱叫，董存瑞、黄继光、邱少云……这些英雄都在自己脑子里活动着，就像是一个个的桥形碉堡，一个个机枪火力点，一场又一场激烈的战斗，都要从手边滑过去了。怎么办呢？他拧了一把湿毛巾搭在头上，极力使自己平静下来。

他问自己："要是曾指导员在，他会对我说些

什么？他会教我怎么做呢？……"随即他又自问自答地说，"他会教我带着这个问题从毛主席著作中去找寻答案的！"想到这个，耳边仿佛响起了毛主席说的话：

我们一切干部，不论职位高低，都是人民的勤务员，我们所做的一切，都是为人民服务……

是啊！通信员的工作不也是为人民服务吗？为了整个战斗的胜利，不也需要有人在这个岗位上勤勤恳恳地工作吗？

……想着想着，欧阳海摘掉了头上的湿毛巾，狠狠地给了自己发蒙的脑袋一拳，对自己说："我呀，我什么时候才能学会更全面地考虑问题，什么时候才能自觉地使自己的想法和党的需要完全一致呢？"

欧阳海心里在为自己那一刹那的犹豫而后悔！……当兵快四年了，一直在"当不当得成英雄"、"怎么才叫真正的英雄"这些问题上摔跤。组织上一再教育自己，今天脑子一热，差点又犯了老毛病。是不是英雄，不在他打没打过仗。曾武军在战场上是全团出名的英雄，在平时的工作中、在铁路工地上也是个英雄。舍身炸碉堡的董存瑞是英

雄，勤勤恳恳砍柴烧炭的张思德也是英雄。今天党要我干什么我就干什么，谁说通信班长的工作不重要，背着电话机跑一辈子，我也是跑在共产主义的大道上！

欧阳海张开翅膀越过了重重障碍，飞到全心全意为民服务的航道上来了。当他彻底明确了一个人为什么活着、应该怎样活着，应该怎样工作、战斗的时候，任何考验都左右不了他坚定的革命意志了。

飞吧！欧阳海，把握住航向，沿着共产主义大道全速前进！

前边，还有新的考验……

勇挑重担

1963年的春天到了，营部的四好通信班班长、第二次超期服役的五好战士欧阳海，在营部经过了半年的战备训练，奉命又回到三连来。

1963年，这是欧阳海参军后的第五个年头，有可能是他留在部队继续服役的最后一年了。欧阳海想：作为部队的一员，自己在这几年中有没有进步呢？虽然通信班年终评上了四好，自己又出席了四好、五好代表会议，可是这并不能完全说明问题。通信班里的同志都是从各连挑选出来的，基础本来就不错；再加上营的几位首长都亲自抓，这样评上的四好，算不得自己的思想和工作过硬。要想真正地考验自己，衡量自己这几年来有没有进步，还必

须到一个复杂点的环境里去考验才行。担子有轻有重，工作也会有难有易，关键的关键看自己对待革命是什么态度。老三连这次把我要了回去，我一定不辜负连首长的期望，要找一副重担子挑起来！欧阳海一路走一路这样盘算着。

三连七班最近存在一些问题，主要是纪律松懈，作风不够紧张。班长一直没有，副班长魏武跃一个人又抓不过来，加上小刘爱打爱闹、出个洋相什么的，显得问题更复杂些。

半个多月前，刚刚下放来的薛新文同志到七班来蹲点，一进门就碰见小刘拿着一把香，口里念着"南无阿弥陀佛"，薛新文不知道他是去练投弹，以为是在出洋相，也没有问清情况，就把魏武跃找来批评了一顿。在队前点名的时候，小刘认为是冤枉了他，又和代理副指导员争辩了几句，使七班的问题更加复杂化了。

在干部会上，关英奎指出薛新文思想工作抓得不细致、调查研究也不够的缺点，为这个事，薛新文还没完全想通！

连部寝室里，关英奎不在，薛新文正在桌前看书。欧阳海打完手榴弹跑了进来。

"副指导员，"欧阳海问道，"上午摔跤，你们谁胜谁负？"

"刘大个子使了股巧劲儿，把我干倒了，下次我准备再和他较量较量！"

欧阳海笑着说："刚才你们开干部会的时候，决定让我上哪个班？我刚回三连，工作不定下来，心里不踏实。"

"会上还没有最后决定。"薛新文放下书说道，"现在就四班和七班缺班长。连长的意思让你去七班；我觉得你去四班比较适合，你看呢？"

"我服从组织分配，到哪个班都可以。要是让我自己选择，那我愿意去七班。"

"七班？你这个同志才怪呢！"薛新文试探地说，"你怎么想到要去七班呢？七班的问题多哦！这是目前全连最次的一个班，思想、作风、训练各个方面都比别的班差点劲儿。"

"我知道。"欧阳海知道副指导员是在试探他，坚决地说，"工作就是为了克服困难、解决问题嘛！毛主席说，艰苦的工作就像担子，摆在我们的面前，看我们敢不敢承担。我还想专门挑一个问题多点的班去锻炼锻炼呢！"

薛新文听完欧阳海的话，他觉得眼前这个小班长果然不错，有干劲，敢挑重担。可是，又考虑到欧阳海刚从通信班回来，步兵分队的这些工作可能比较生疏，一下子让他挑起一副重担子，会不会有些吃不消？

薛新文想到这，他说："我看你还是去四班算了，那个班比较有基础，你又比较熟悉，工作起来顺手些。七班，你得费把劲儿呢。"

"副指导员，你放心，我保证搞好！"欧阳海要求说，"刚才我把七班的情况大致了解了一下。七班有些问题，这是它消极的一面；但是七班谁都不甘心落后，人人都想赶上先进的一班、四班，这才是它的主要方面。只要我们把工作做好了，变消极因素为积极因素，完全可以改变七班目前的面貌。关键的关键在于领导方法对不对头。首长也说过，兵都是好兵，就看干部怎么带领他们。只要领导让我去，我保证和七班的同志一起把工作搞好！"

薛新文望着欧阳海，心里在说：这个班长是不错，劲头也不小，可就是看问题太片面了点。对自己不足的那一方面考虑到了吗？……积极要求工作

是好的，可是对困难也应该有足够的估计才对啊。

"欧阳海，你能保证把七班搞好吗？"薛新文把"保证"两个字说得很重。

欧阳海琢磨代理辅导员这句话的意思，大概是同意自己去七班了，高兴地说道：

"没问题，保证搞好！"他心直口快地又补充了两句，"我们保证尽快地赶上一班、四班，彻底改变七班的落后面貌，争取年底的时候，让人人都能思想、作风、训练全面过得硬，来它个满堂红！"

薛新文没有回答，他也在琢磨欧阳海刚才讲的这几句话。心里想：要是能很快地把七班带起来，那当然太好了。可是四班是全连的训练先行班，又正缺他这样一个"虎"班长。凭他这股劲头，也许去四班更合适些。七班有七班的具体困难，需要配备个稳当点的班长。看来，他对七班的情况还不了解，困难也考虑得不充分。

欧阳海见薛新文还在考虑，知道他还有些不放心，便进一步要求道：

"副指导员，你放心！要是搞不好七班，你把我撤了！我就不相信天下还有搞不好的事。困难就

算是太行、王屋两座山，我们十来个人在支部领导下，也能把它搬掉！"

"你准备怎么'搬'呢？"

"抓四个第一！都是一样的革命战士，都是在一个支部领导下，只要把人的因素真正摆在第一位，那别的班可以做到的事，七班也应该可以！"

"从道理上讲，这是对的，可是有哪些具体困难，针对这些困难如何使四个第一落实，你考虑过没有？"薛新文说，"我敢保证，这些具体问题你还根本没想呢！"

"对！……我还没来得及细想。"

薛新文望着欧阳海摇了摇头，他认真地说："欧阳海，你再好好考虑考虑，对困难估计得不足，往往就是失败的开始。当然，要是你真能像自己保证的这样，那我还是同意你去七班的。"

"副指导员，你同意了！敬礼！"欧阳海乐得一蹦老高地跑出门去，刚出门他又把头探回屋里说：

"副指导员，我保证不辜负领导的信任，你等着我们七班的好消息吧！"说完，他撒腿朝七班跑去。

薛新文正想再对他嘱咐几句关于刘延生的话，可是欧阳海已经跑了。他摇了摇头，自言自语地说：

"这个同志真有股热情劲儿，可就是不太稳重，毛里毛躁的。刚回来半天嘛，还能把什么情况都摸清，什么困难都估计到了？"

关英奎拿着一张报表进来说："老薛，训练计划营长已经同意了，下个星期……"忽然他停住嘴，侧耳听了听，"刚才是欧阳海来了吧！"

"是啊。你怎么知道？"

"用你那话说，'我敢保险'是他！光听这个脚步声我就知道，一溜风似的！"关英奎指着门外说，"一定是找你来磨嘴皮子，非要去七班不可。对吧？"

薛新文笑了起来："你说的一点不差，刚才来磨了好半天。我同意你的意见了，让他去七班试试。"他想了想，问道，"老关，这个同志是不是有点自负？刚回来半天，就说了好大一套！"

"不不不，你不了解欧阳海，他毛主席著作学得好，工作上也很有办法，历来都是个踏实、肯干的好同志。上次营长非要指名调他不可，连里怎么

留也没留住。"关英奎说，"这次把他又要了回来，就是想让他把七班带起来。我相信他一定能搞好。你说呢？"

薛新文摇了摇头说："凭他这股子劲头，我相信他能把七班带好。不过咱们也要防止他产生别的问题。"

"当然，这就要靠我们领导上多帮助，特别是你，三排分工由你重点抓起来，七班的情况你也了解，今后对他抓紧些。"

就这样，欧阳海来到了七班，七班在他的带动下，很快赶了上来。

野营前的准备

1963年11月，连队准备出发进行野营合练，这是全面考验一支部队能否过硬的时刻。解放军的每个指战员都把它当成是锻炼、检查自己思想、训练各方面过硬本领的大好机会。首长说得好："能在野营合练中过得硬的战士，就是战场上能够过硬的英雄。"

在动员会上，欧阳海走上台对大家表示决心说："野营是对我们每个战士的考验。我和七班保证完成党交给的一切任务。"

欧阳海是党小组长，动员会后他就召集党员开会，他对大家说："每个党员在行军中要起带头作用，在困难的情况下，要挺身而出。"

野营就要开始，就像箭已经搭在弦上，只待一声令下，整个部队就会离弦飞去。

最后的准备工作在紧张地进行着。欧阳海挑来了几十斤大米和一些黄豆。这是老传统，红军时期的整个"后勤"都带在指战员们自己身上。

他想：当兵五年了，这可能是我参加的最后一次野营；多背一点吧，能为同志们减轻一两负担也是好的。

"班长，你看看我这样准备行不行？"刘延生全副武装，身上收拾得利利索索，枪擦得油光铮亮，挺胸收腹地站在欧阳海面前，等待检查。

欧阳海看了他一眼：站在面前的这个战士，早已不是上半年喊着"缴枪不杀"的那个小鬼了。胖乎乎的脸上带着战士特有的暗褐色，这是风吹雨淋、烈日照射留下的痕迹，它记载着战士的辛劳和对祖国人民的忠诚。欧阳海藏着内心的喜悦，严肃地喊道：

"还有一项重要的没检查呢。"说着，他从门后拿出一杆秤来。"上级规定每个人的负重标准是这个数儿，我看看你够不够分量。"

"干吗非要背那么多不可？"刘延生指着秤杆

上的星星不解地问道。

　　这是经过计算研究的。打起仗来，我们身上的武器弹药和其他装备加在一起，可能就是这么重；野营合练中不背够这个分量，就练不出打仗的过硬本领。"

　　称的结果，小刘和全班其他同志都合乎要求。欧阳海满意地对大家说：

　　"不错，都能自觉地按照上级的指示执行，这说明我们对这次野营合练有认识，思想上能过硬。"

　　欧阳海藏过自己的背包说："我的不用称。"

　　"为什么？"

　　"我是班长，上级说……班长……可以不称。"

　　"对不起，我们没听说过，也不会有这样的'上级'。"刘延生一使眼神，大家把欧阳海的背包抢了过来，连同装备一过秤，超过了好几斤。

　　"班长，"小刘指着秤杆问道，"这你还有什么话讲？上级规定的标准，你……"

　　"我也是基本上合乎要求嘛！就算我现在背得多了一点，打起仗来我就多抓两个俘虏。多抓俘虏

还不行啊？……"

"不行！你背得太多，超过了体力限度，把人累垮了，也许连一个俘虏也抓不着呢。"小刘指着秤杆说，"同志，这是经过计算研究的！"

同志们不由分说打开了欧阳海的背包，发现里边除了规定携带的衣物之外，还有很多学习文件。小刘问道：

"班长，野营合练那么紧张，你有时间学吗？"

"没有时间也得挤。雷锋同志说，在学习中要有钉子那样的钻劲挤劲。一挤就能挤出点时间来的。"

欧阳海感慨地说："现在世界上出现了各式各样的妖魔鬼怪，替帝国主义搽脂抹粉，变着花样来欺骗革命人民，不学习怎能认得清他们！"

同志们都没有再说什么。

当年欧阳海学习的时候都在想，今天，活着是为了天下受苦人。每当收音机里响起庄严的《国际歌》时，他总要跟着激动地高唱起来："满腔的热血已经沸腾，要为真理而斗争！"他为自己生长在毛泽东时代而自豪。他觉得为共产主义理想而奋斗

的神圣使命就在自己的肩上。

"班长，"高翼中跑进来说道，"连长请你去一下，说有要紧的事情。"欧阳海赶忙来到连部。

关英奎挪过一张椅子，对欧阳海说："原来部队是准备把你留下来的，师团各级首长都有这个指示。支部也考虑过送你到步校去学习一个时期，回来负责一个排的领导工作。可是现在情况变了，有一个更重要的工作在等着你。"他停住要说的话，仔细观看欧阳海的反应。

欧阳海已经超期服役两年了，他思想上早就做了可能要复员的准备。今天真的知道了这个情况，心里仍然感到有些突然，他一把抓住关英奎的手，低着头不晓得说什么才好。

他心里想：参军快五年了，革命需要我转到新的工作岗位上去了。可是我离不开生活了五年的部队啊！五年来，党为我操了多少心啊！

他抬起头来望着关英奎，无意间发现连长带棱带角的嘴角上添了一道皱纹，"……党正是通过连长、指导员……这些首长来具体地教导我的。在关连长这双眼睛里，清清楚楚地记下了我的变化、成长。为了我的缺点和微小的进步，他眼睛里流露过

多少焦虑和期望啊。不能再让领导为我操心了。"

关英奎从欧阳海的眼神里看出了他的态度，放心地说道：

"我们新建了一个国防工厂，中央指示，从部队抽一批骨干，抽一批党员充实进去。那里的工作非常重要，也非常艰苦，它是我们自力更生、奋发图强的建设方针落实在国防工业上的一项重点工程。相比之下，这个担子比领导一个排更重些。军首长接到指示后，决心派出我们最好的战士，老政委还特别提到你的名字。听说军区催得很急，可能你们野营合练一回来就得走。欧阳海，看来，我们俩这就算分手了。"关英奎说着把厚实的巴掌搭在欧阳海的肩上，使劲地按了两下。

又有一个新的、更重的担子落在欧阳海的肩头。他兴奋得满面红光，眉梢忽地往上扬起来，小声问道：

"连长，工厂在哪儿？是不是制造那个的？"问着问着他站了起来。

关英奎眼睛里也闪着光："这我不知道，也不能告诉你。军——事——秘——密！"

"军事秘密！"欧阳海抑制住内心的激动，强使自己坐了下来。他在想：多好啊，又有一个艰苦而重要的岗位在等待着我了。五年前，为了打仗来到部队，那时候"军事秘密"几个字，给我带来了多少幻想和兴奋；今天，真的要去从事一项军事秘密工作了，心情好像比五年前更为激动。革命路上总是这样的：一个任务紧接一个任务，一场战斗接着一场战斗，就像刚刚打扫完战场又听见了进军的号声。我们生长在这个风云变幻的时代，该有多么幸福！这才是革命者的战斗生活！

忽然，他瞥见了关英奎的背包，一股依依难舍的心情又涌了上来。

"连长，那，那我们年底以前碰不了头了？"

"是啊，估计我回来以前你们就走了。以后咱们多通信嘛。"

"信我当然要写，连长，要是我们工厂有假期，我一定抽空回连里来看看。"

关英奎还想说什么，张了张嘴又没讲出来，对欧阳海这样的战士，他是完全放心的。不管放在哪个岗位上，不管干什么工作，他都相信欧阳海会成为那里最好的同志。他摘下胸前的钢笔说：

"这个送给你做纪念。"

"不，连长，你自己留着用吧。"

"我可不是要送给你一支笔啊！"关英奎指着脑后的那块伤疤说，"1948年在黑山完成了阻击任务之后，我负了伤，团政委——就是咱们今天的老政委奖给我这支笔，让我好好学习。那时候我连扁担倒在地上也不知道是个'一'字，就靠这支笔，学会了写'共产党万岁'，写了入党申请书。你马上要走向新的岗位了，带上这支笔吧，这是把首长的心意带去，也把咱俩五年来的战斗友情带去。要好好学习，咱们工农出身的同志也要去搞尖端，不学怎么行！听说毛主席他老人家还抽时间学外文呢！"

欧阳海抚摸着手上那支黑杆的老式钢笔，笔杆上留着几道槽槽，这是被关英奎的大手捏出来的，它生动地记载着连长在学习上的顽强劲儿。这时，他似乎更深地懂得了连长的心意。他望望钢笔，又望望连长宽阔厚实的背影，他在心里大声说着：

"连长，你放心！不管到哪里，不管干什么，我一定按照党的要求去完成一切任务！"

关英奎没有说啥，他望着欧阳海，松开了紧绷着的嘴唇笑了笑。欧阳海觉得，连长在他那很难见

到的微笑中，把该说的话，该嘱咐的千言万语，都
送到了自己的耳边。

半夜一两点钟了，欧阳海还在宿舍里忙着没有
睡觉。对新工作岗位的向往，对老三连的依恋，勾
起他心里的千头万绪。他看看已经睡熟的同志们，
难分难舍的情绪又爬上心头。朝夕相处好几年了，
一起翻开《为人民服务》，细细地琢磨主席的教
导，一起流过多少汗水，一起战胜了多少困难，眼
看就要分手了，怎能离得开同志们！

欧阳海仔细琢磨"同志"这两个字的含义：并
肩战斗的阶级战友，目标一致，步伐整齐。它比骨
肉还要亲，比同胞手足还要近。一想到很快就要离
开连队，他觉得比离家时的心情还沉重些。

欧阳海从枕头下边拿出一条破得不能再补的军
裤，把它剪成十多块，又从上衣兜里掏出一大包针
线，分成十来份，分别装进同志们的针线包里。他
自言自语地说："野营合练就是一场战斗，衣服
裤子难免要剐破的，到时候得让同志们有针线可
补。"

最后，他又检查了一下同志们是不是都带着
《毛泽东著作选读》，直到在每一个挎包里都看见

那个熟悉的红色封面后，他才安心地准备睡觉。

欧阳海刚刚上床，忽然发觉高翼中的米袋子鼓鼓的，他拿过来一看，原来是高翼中把他背的黄豆悄悄换过去了。他愣在高翼中的床前，感叹地说："想背就让他多背一点吧。这不是几粒黄豆的问题，从怕苦怕累，到主动抢重活儿干，这是一个飞跃。它表明这个新党员愿意在自己肩上多挑几分责任。'生理限度'已经被'革命的需要'所代替了。"

说着，欧阳海把黄豆又放回到高翼中的背包上。

薛新文拿着手电查铺来了，"这么晚了你还不休息，你是想把自己折腾出病来还是怎么的？"

"我……我这就睡。"欧阳海说，"副指导员，你也该早点休息了！"

"你别管我，我现在是谈你的问题。"薛新文把他拉到门口，说，"怎么？我听小刘他们向我反映，说你每天都起个大早，一个人'猫'在俱乐部里学习，是不是有这回事？"

"没……没有啊！"

"没有？你现在瞒不了我啦！我是经过多方面

调查研究的。前天早上天刚刚亮，我就看见你在那儿学‘四评’，上个星期天，人家都去打球，你一个人在屋里学……”

“现在国际上的斗争多么尖锐复杂，多学还觉得跟不上队呢！”

“学习我不反对。”薛新文说，“可是也应当注意身体呀！”

“是！”薛新文和欧阳海肩并肩地一起回到屋里来。他摸了摸衣兜，掏出个小瓶说：

“哟！差点忘了，给！”

“什么？”欧阳海接过小瓶问道。

“黄连素。你肠胃不是总有点小病吗？把它带着，觉得不舒服了，就吃两片。别忘了！啊？”

“副指导员，我挺好的，你买药给我干啥！”

“什么挺好的？这些情况我早从卫生员那儿调查过了！”

欧阳海没话可说了，他望着副指导员感激地点了点头。

“对了，还有个事呢。”薛新文小声地说，“连长接新兵去了，新指导员又刚来不久，野营的担子重，你可要多提醒着我点，不能眼看着我又出

问题哦！"

"副指导员，这个担子我可挑不起。"欧阳海不好意思地说，"反正连里不管有什么任务，你交给我们就是了，我们七班拼尽全力去完成！"

薛新文满意地点了点头："睡吧，很快就要行动了。"说完他守在旁边，直到欧阳海钻进了被窝，才轻轻地朝二排走去。

欧阳海躺在床上摸着装药的小瓶，心里想：副指导员这半年来变成另外一个人了。到底是参军早，觉悟高，改变得多快啊！

欧阳海想起第一次和他见面的情景，副指导员满脸汗珠的面孔又在脑子里出现了。一想到很快就要和他分手了，心里觉得不是个滋味。

欧阳海迷迷糊糊地刚睡着，就听见一阵急促的紧急集合哨音。同志们一骨碌爬起身来。黑漆漆的屋里，没有一丝光亮，没有半点声响，一切准备工作都在紧张地、有条不紊地进行着。

集合哨音刚落，全副武装的欧阳海第一个跃出房门，黑暗中传来他短促有力的声音："七班！跟上！"

一队雄伟的人流，像一支离弦的箭朝前方飞

去。枪刺上发出一片寒光，脚下沙沙作响。野营合
练开始了。

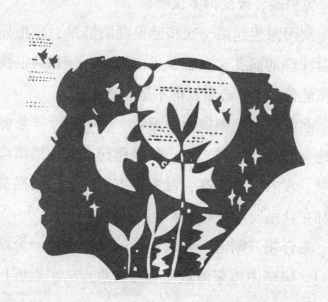

带头作用

天黑以前部队准时到达宿营地，七班借宿在一个老乡的阁楼上，后面可以眺望到滚滚北流的湘江，前边不远，一条笔直的京广铁路。欧阳海一放下背包就把魏武跃、高翼中找来开了个党小组会。他说：

"连续走了将近三百里，同志们都很累了，在这样的情况下怎样才能带动全班，关键的关键是我们党员的模范行动。现在有三件事要做：第一，首先给老乡挑水，打扫院子。这是老传统，再累也不能忘了这个。"

魏武跃说："小组长，这个事小刘已经开始在做了，我和他一起来完成。"

"好。"欧阳海继续说，"第二，几天来没有正式睡过觉，赶快借点稻草打好地铺，让同志们休息，说不定什么时候又有行动，能多休息一分钟也是好的。等炊事班把饭做好了，我再叫醒大家。"

"这事交给我。"高翼中说。

"第三，要上山捡点柴火，给同志们烤烤棉衣，把打湿了的行李烤干。这事算我的。你们有啥意见？……没有？那我们分头行动吧！"

欧阳海说完朝山上走去，自己的两条腿告诉他，要是不好好休息，明天再来个百八十里路的奔袭、追击，那全班都会拖垮的。他自言自语地说："棉衣晚上再烤，先烧点水给同志们烫烫脚。"

欧阳海在山上捡了一些枯树枝回来，碰着个小男孩赶着两头水牛朝铁路方向走去。他想起了前几年在铁路上施工的时候，一位老工人说过铁路附近不准牧放牲口的事，便一瘸一拐地赶上来阻止。

小孩望着欧阳海说："解放军叔叔，你是个班长吧！给我讲讲战斗故事吧。"这时一下子围上来七八个小孩儿，扯着拉着，要欧阳海讲战斗故事。

"我没有打过仗，真的！"欧阳海解释着。

小孩们哪里肯信，他们又是叫又是跳地簇拥着

欧阳海走下山来。

"我真的没有打过仗，我给你们讲雷锋的故事吧……"

"好！"小孩们齐声应着，都围到欧阳海身边来，有的趴在他的膝盖上，有的搂着他的脖子。

欧阳海一边烧水，一边讲着。讲了一个又一个，把他知道的雷锋的故事都讲完了，小朋友们还舍不得走。有的问欧阳海见过雷锋没有，有的讲，听说雷锋叔叔还活着。一个小男孩认真地说：

"就是，雷锋叔叔还在开汽车呢，解放牌的！"

欧阳海对这个说法没有反驳也没有解释，让小朋友们自己去编完这段故事吧。他心里说：我们这一代是多么幸福，从刚刚记事的年龄起，就有无数的革命先烈为我们树立了榜样，他们用战斗的一生，为我们指明前进的大路。人们学习他们，怀念着他们。雷锋同志怀念着黄继光；黄继光思念着董存瑞、刘胡兰；今天，我们的心目中又多了一个雷锋。想到这里，他主动地说道：

"小兄弟，我再给你们讲一个故事，《红岩》当中江姐的故事。"

　　欧阳海详细地从江姐怎么领受任务，叛徒如何出卖，双枪老太婆如何营救，江姐在监狱中如何斗争……一直讲到江姐的牺牲。

　　欧阳海最后说："敌人把江姐押到刑场上，江姐一点也不害怕。她脸不变颜色，心不乱跳。回头看了敌人一眼，吓得反动派连枪都打不响了。江姐是为了我们受苦的穷人能过上今天的好日子，让我们能够上学念书，让我们能够戴上红领巾才牺牲的。

　　"要记住江姐。我呢，做毛主席的好战士；你们呢，做毛主席的好孩子。我们都听毛主席的话，把天下的反动派都打败，替江姐他们报仇！"

　　欧阳海看看天色不早了，起身送他们回家，小孩们心满意足地走了。

　　班里同志们烫完脚以后都睡了，欧阳海烤了几件湿衣服，又端起一盆热水朝连部住的房子走去。

　　薛新文正在灯下查看明天的行军路线图。欧阳海轻手轻脚地把水端到他的跟前，说道："副指导员，你先烫烫脚吧。"

　　薛新文抬起头来说："欧阳海，你再要给我们烧水，我可就要批评你了！"

"你这个批评我不接受，'官爱兵、兵爱官'嘛。再说，未必就许干部给战士掖蚊帐、盖被子，就不兴让我们当兵的给连首长烧盆水？"

欧阳海说完，用目光在屋里扫了一圈，问道："指导员他们呢？"

"去营里开会去了。"薛新文见欧阳海的脚上满是尘土，心想：他自己还没烫过脚呢，就先把水给我送来了。不管什么时候他总在忙，不论在什么情况下他总先想到别人，他从来就没有把"我"字放在心上。真是个好同志啊！……他深情地望着欧阳海，心情就像那盆水上的热气，不停地翻腾着。

"副指导员，烫完脚你也早点休息吧。你们一天到晚也太累了，白天和同志们一起行军，晚上同志们休息了，你们还要开会研究问题。"

薛新文抓住欧阳海的手说，"你别光说旁人，你自己呢？连里工作多，我的水平又低，好多事情顾不过来，你要多注意自己的身体。很快就要走上新的工作岗位了，党还要你挑起更重的担子，为革命做更多的工作呢，爱护身体就是爱护革命。"

欧阳海把班里的大致情况向副指导员汇报了，最后建议道："同志们都很累，我看连里得采取点

具体措施。"

"不光是你们七班，也不只是我们三连，全营都是这样，同志们确实相当疲劳了。现在，野营合练就要胜利结束，有人会产生松劲思想。我敢保证，从明天起，就会出现一些掉队走不动的同志。营首长已经布置下来，让我们派一个能过硬的班，担任全营的后卫警戒和收容任务。这个担子很重，欧阳海，你看这个任务……"

"副指导员，这个任务交给我们七班！"

"交给你们？先说说你们的条件！"

"我们班个个都有完成任务的决心！"欧阳海说，"思想上早做了吃大苦、耐大劳的准备，一定要把重担子主动挑起来……"

薛新文打断了他的话，说："这只是一个方面。我现在要了解具体的：全班有哪几个同志脚上打了泡，是左脚还是右脚；合练以来，有哪些人身体不舒服过，对完成任务有没有影响，特别是最近几天有没有人觉得野营快要完了，思想上在考虑回营房的事……"

欧阳海想，副指导员的工作真是越做越细致，调查研究越来越具体了！他把班里完成任务的有利

条件详细汇报后问道：

"副指导员，你看怎么样？"

"行！指导员也是这么想的，我们几个干部都是这个意思。警戒收容任务就交给你们了！"

"我们保证完成任务！"欧阳海站起来说，他深邃的眼睛里，好像迸出两朵兴奋的火花，眉梢也高高地扬了起来。年初，他要求到七班来的时候，薛新文曾经见过他这副神情，以后，每当他要求任务时都带着这股劲。在任务面前，他从来是不甘人后的。

"副指导员，"欧阳海继续说，"你放心吧！不管情况多么复杂，我们都保证完成任务；不管有多少掉队的同志，我们都要帮助他们赶上队，我们七班，就是背也一定把他们背到目的地！"

"好，欧阳海，我相信你们一定能够完成任务！"薛新文又交代了一些警戒和收容应该注意的事项，最后说：

"营里指示，明天行军的序列是：我们连是前卫，你们警戒收容班要跟在炮连的后边。路上我们碰不着面，遇上什么困难全靠你自己想办法了……"

　　"另外，"薛新文指着桌上的行军路线图说，"'反空降'的演习场地在这里，没有别的路可走，明天我们必须横跨过京广铁路，赶到指定地点。过铁路的时候要格外注意，千万不能大意！"

　　"记住了！只要有七班在，我们保证不出任何事故！"欧阳海斩钉截铁地说。

　　欧阳海从连部出来的时候，几颗雨点掉在他的脸上。"下雨了！好啊，这倒真是考验我们思想能不能过硬的时候了！只是一下雨，路上的困难会更多些。"想着，他上团后勤要了一点稻草，又上驭手那儿扯了两根马尾才回到班里来。

　　雨渐渐下大了，房顶上沙沙作响。欧阳海给战士们挑完了脚上的水泡，又拿起稻草搓草绳，这是准备明天给同志们捆在脚上当鞋码子的，免得路上打滑。他一边搓着草绳，一边考虑明天的警戒收容任务："'反空降'以后，野营就结束了，这可能是自己在部队领受的最后一次任务。一定要完成好啊！"他打了两个哈欠，觉得眼皮也越来越重了。

　　"不能睡！"他提醒着自己说，"还有多少事没考虑呢！班里几个体弱的同志要组织人和他们互助，收容组的分工问题要跟小魏研究研究；还要组织同

志们交流毛主席著作学习的心得；还要……"

"你还没睡！"薛新文发现楼上还有灯光，上来看见欧阳海还在忙着，轻声地责备道，"两天两夜没休息了，你就不累吗？快睡觉！"

"我这就睡。"

你给我躺到被子里去！晚上很冷，小心着凉。"薛新文说着，把灯吹灭了。楼梯上传来他轻轻的脚步声。就像当年曾武军来查铺时那样，轻手轻脚的，唯恐惊醒了睡梦中的同志们。

欧阳海躺在被子里，两只大眼睛还圆溜溜地睁着。屋子里边漆黑，什么也看不见。远处一列火车开过去，震得房子都微微颤动起来。这声音，使欧阳海想起参军时坐火车的情景。

多快啊，一晃就是五年，马上要离开部队走向新的岗位了！他觉得当兵三年时间太短了，超期两年也不够；当兵嘛，起码要当它十年八年才行。刚刚懂得了一点为人民服务的道理，刚刚学会一点军事技术就走了，多可惜呀！他对自己说："当然，一旦打起来了，一旦祖国需要，我还是要重新回部队来的。"

"跟上跟上！"身边的刘延生说着梦话，把被

子也踢开了。

"这家伙，睡着了也不安生，梦里还在急行军呢！"欧阳海替他盖好被子，继续在想，"部队就是这样，走了一批又来一批，小刘他们一定会比我强，连长又接新兵去了，新来的同志会比小刘更棒！"

想到这，他又觉得自己该走，"部队不仅是训练军事技术，更主要的是培养教育接班人。一批批不太懂事的新战士招进来，一拨拨老同志送出去，它就像个学校似的，川流不息地为党的事业培养着人才。青年人最好都能到这个熔炉里来锻炼一次。只要听毛主席的话，努力学习，经过这三年五载，就会变成一块钢，出去就能为社会主义建设起点作用了。"欧阳海想着。

远处又有一列火车开过去，欧阳海还没有睡着，他催促着自己说："快睡，明天还有任务呢！"可是翻了几次身，仍然没有一点睡意，眼睛还盯在漆黑的屋顶上出神。

五年前离家的时候，也是这样一个夜晚，也像今天一样睡不着，那时候是参军的兴奋，战斗的幻想激动着自己；如今是即将来到的"军事秘密"令

人向往。

同样是睡不着觉，但是环境变了，人也变了，连门前那棵老松树又长高好多了吧。只有一样不会变，那就是曾武军临走那天代表支部向自己谈的话："……活着，为了党的事业战斗；死，为了党的事业献身。无产阶级的解放事业需要千千万万个这样的人：他们的眼睛不只看到自己、看到中国，要把眼睛望着全世界；这样，他们才能称为共产党员，才能成为全人类的希望……"

是啊！不管在部队，在国防工厂，或者是回到农村，都应该像曾武军教导的那样去战斗。活着，拼尽全力为社会主义事业战斗；死，脸不变色，心不跳。

雨点在瓦上敲打，火车在远处轰鸣，漆黑的雨夜里，欧阳海还睁着那双深邃明亮的大眼睛，在思考着明天的任务、今后的工作……

光辉的一生

18日清晨，欧阳海和七班战士随着炮兵连，刚刚走进京广铁路两山峡谷间，远方就传来火车呜呜的汽笛声。前面部队按照行军纪律，都闪到离铁轨四米的地方，鱼贯前进。欧阳海也连忙关照全班："注意安全，火车来了！"他看了看前边炮兵连的马匹，也正靠到山边前进。可是庞然怪物般的火车头沿着弯弓新月形的铁道突然出现，看去仿佛是正冲着战马奔来。刹那间，山摇地动，空气激荡，炮连最后的一匹黑骡突然被惊怒了。驭手勒不住野性、发惊的牲口，被它扯着直往轨道上奔去。黑骡驮着隆起的炮架惊惶地横在铁道上死也不动了。

奔驰而来的列车距离驮着炮架的黑骡只有四十

168

多米远，眼看就要闯下大祸，在这万分危急的关头，欧阳海以异乎寻常的敏捷毫不犹豫地冲上了铁轨。他全然不顾冲撞而来的巨大列车，使尽全力把吓呆了的牲口猛地往轨道外面推了出去。

欧阳海身受重伤俯卧在轨道外侧沙石上。副班长曾阶锋和战士李甫生急忙把班长抱在怀中。火车冲滑了三百多米后停下来，司机张世海和王治卫下车马上向英雄倒下的地方奔来。他俩拉住曾阶锋的手激动地说："快救这个伟大的战士，是他救出了几百名旅客的生命啊！"

欧阳海舍身救火车的英雄事迹像急风一样飞快地传遍了衡山县城。为了抢救这位伟大战士的生命，县委挂通了长途电话，请求省里立即派直升飞机来，把欧阳海送到上海去抢救。

铁路职工、刚下火车的旅客和兄弟部队官兵共一百多人挤满了衡山医院，争着献出自己宝贵的血液，营救这位伟大的战士。

欧阳海静静地躺着，他是那样安详，好像没有一丝痛苦。突然，他睁开了晶亮的眼睛，向人们张望了一下。想不到，这竟是英雄最后的一瞥。

欧阳海像流星似的在夜空中殒落了，他安详地

离开了我们。一支壮丽的乐曲、一首时代的颂歌，在一个战士英勇献身中谱成：窗外的枫树红似火，湘江的流水碧如玉。

欧阳海用生命保障了它的安全的那列火车正奔驰在祖国的辽阔原野上。

曾阶锋清理了欧阳海身旁的遗物，在他的口袋发现了一本《毛泽东著作选读》和一本被血渗透的笔记本。上面写着这样铿锵的语句："即使有一天，这个世界上没有了我，我也仍然衷心地相信，共产主义的理想必然胜利，一定会有更多更多觉醒了的人为它战斗！"

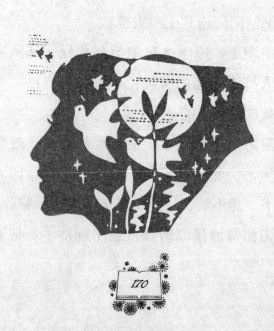